数学的活動の授業デザイン

思考力、判断力、表現力等を育む

思考の種を蒔く指導

永田潤一郎 [著]

はじめに

　本書を手に取ってくださり，ありがとうございます。

　この本は，「中学校数学科の授業を通して子供の思考力，判断力，表現力等を育むことについて，ちょっと立ち止まって考え直してみませんか」という提案の書です。「このままの指導を続けていて，目標は実現できるでしょうか」という問いかけでもあります。

　授業を通して子供の思考力，判断力，表現力等を育むことの重要性については，論を俟たないでしょう。学習指導要領が求める「学力の高い子供」とは，知識及び技能だけでなく，思考力，判断力，表現力等や学びに向かう力，人間性等をバランスよく身に付けている子供のことだからです。ところが，中学校で授業に取り組む教師の話に耳を傾けると，その難しさについての切実な悩みが聞こえてきます。あなたもその一人ではないでしょうか。

　こうした現場からの声を聴いて私がとても不安に感じることは，育むことの難しさだけではありません。教師の努力にもかかわらず，その成果がなかなか見えてこないことから，「子供の思考力，判断力，表現力等を育成できなくても仕方がないのではないか」とか「それは数学が得意な子供が身に付けられればよいものではないか」といった諦念が，多くの教師の指導観の根底に蓄積されていくことに危機感を募らせているのです。あなたも，心のどこかでそんなふうに感じていませんか。

　大前提として，私は子供の思考力，判断力，表現力等を育むために，多くの教師が日々努力して指導に取り組んでいると理解しています。また，それを身に付けるために多くの子供が学習に取り組んでいると受けとめています。それなのに，その成果を共有することが難しいのはなぜなのでしょうか。最初の問いをもう一度繰り返します。中学校数学科の授業を通して子供の思考力，判断力，表現力等を育むことについて，ちょっと立ち止まって考え直してみませんか。そのための１つの糸口として本書が提案するのが，数学的活動の授業デザインを生かした「思考の種を蒔く指導」です。詳しくは本文中で述べますが，ここではざっくりと，

・本時の目標が知識及び技能の習得である普段の授業で
・子供に思考力，判断力，表現力等のよさを経験させる

指導であると理解しておいてください。あなたが自らの思考力，判断力，表現力等を育むための指導を見直し，「思考の種を蒔く指導」にチャレンジしてくれることを楽しみにしています。

　最後になりましたが，思考の種を蒔く機会を与え，最大限の執筆の自由と的確なアドバイスをくださった明治図書出版の矢口郁雄氏に，この場をお借りして感謝申し上げます。

2024年2月

永田潤一郎

もくじ

第1部

思考力，判断力，表現力等を見直そう

1．思考力，判断力，表現力等の現状／006

2．思考力，判断力，表現力等と学習指導要領／007

3．思考力，判断力，表現力等と数学的活動／008

4．思考力，判断力，表現力等と「思考の種」／008

5．思考の種を蒔く指導／011

第2部

中学校数学の授業で身に付けさせたい／指導したい 10の思考の種

思考の種01　同じようにする／014

思考の種02　改善する／016

思考の種03　きまりを見つける／018

思考の種04　逆をつくる／020

思考の種05　比べる／022

思考の種06　さかのぼる／024

思考の種07　条件をかえる／026

思考の種08　整理する／028

思考の種09　ひろげる／030

思考の種10　学んだ形にする／032

思考の種の指導単元一覧／034

第3部

思考力，判断力，表現力等を育む数学的活動の授業デザイン

思考の種を蒔く指導に取り組もう

第1学年

第1章「正・負の数」　小単元1　正・負の数の性質（5時間）／036

小単元2　正・負の数の計算（17時間）／037

第2章「文字の式」　小単元1　文字を使った式（7時間）／044

小単元2　文字式の計算（8時間）／046

第3章「方程式」　小単元1　方程式（7時間）／048

第4章「比例と反比例」　小単元1　関数（2時間）／052

小単元2　比例（6時間）／053

小単元3　反比例（5時間）／055

第5章「平面図形」　小単元1　直線図形と移動（6時間）／056

小単元2　基本の作図（4時間）／059

小単元3　円とおうぎ形（5時間）／062

第6章「空間図形」　小単元1　立体と空間図形（9時間）／064

第7章「データの活用」　小単元1　データの分布（9時間）／068

小単元2　不確定な事象の起こりやすさ（3時間）／071

第2学年

第1章「式の計算」　小単元1　単項式と多項式（7時間）／072

第2章「連立方程式」　小単元1　連立方程式（8時間）／076

第3章「一次関数」　小単元1　一次関数とグラフ（10時間）／080

もくじ

第4章「図形の調べ方」	小単元1	平行と合同（10時間）／084
	小単元2	証明（5時間）／088
第5章「図形の性質と証明」	小単元1	三角形（7時間）／092
	小単元2	四角形（10時間）／097
第6章「確率とデータの分布」	小単元1	場合の数と確率（4時間）／098
	小単元2	箱ひげ図（3時間）／101

第3学年

第1章「多項式」	小単元1	展開と因数分解（13時間）／102
第2章「平方根」	小単元1	平方根の性質（6時間）／106
	小単元2	平方根を含む式の計算（7時間）／108
第3章「二次方程式」	小単元1	二次方程式（8時間）／110
第4章「関数 $y = ax^2$」	小単元1	関数 $y = ax^2$ とグラフ（7時間）／114
	小単元2	関数 $y = ax^2$ の値の変化（3時間）／117
第5章「図形と相似」	小単元1	相似な図形の性質（8時間）／118
	小単元2	平行線と線分の比（9時間）／121
第6章「円」	小単元1	円周角と中心角（5時間）／124
第7章「三平方の定理」	小単元1	直角三角形の辺の長さ（4時間）／128
第8章「標本調査」	小単元1	標本調査（3時間）／132

第 1 部
思考力，判断力，表現力等を見直そう

1　思考力，判断力，表現力等の現状

　いきなり質問からで恐縮ですが，あなたの授業では子供の思考力，判断力，表現力等の育成がうまく実現できていますか。私は中学校で数学の研究授業などを参観させてもらうことがよくあるのですが，その多くは「本時の目標」として思考力，判断力，表現力等の育成を掲げています。逆に，知識及び技能の習得を目指す研究授業にはあまりお目にかかりません。それだけ，思考力，判断力，表現力等の育成を重視して授業に取り組んでいる教師が多いということでしょう。ところが，授業後に行われる協議会で最も多く聞く発言は「なかなかうまくいかない」であることが気がかりです。授業者はもちろん，参観者も日頃の取組を振り返って自身のもやもや感を聞かせてくれるのです。あなたもその 1 人ではないでしょうか。

　全国の教師がこぞって取り組んでいる子供の思考力，判断力，表現力等の育成は，どの程度の成果を上げているのでしょうか。全国学力・学習状況調査（以下「学力調査」とします）のデータを基に，その現状について考えてみましょう。平成19年度から令和 5 年度までの17年間に実施された学力調査で出題された問題のうち，評価の観点が「思考・判断・表現」（令和 3 年度調査までの観点の名称は「数学的な見方や考え方」）であるものは全部で157題あります。調査報告書でそれぞれの問題に関する調査結果の分析を読んでみると，このうち136題については「子供の学習の状況に課題がある」と結論づけられています。つまり，全体の86.6％の問題については，教師の指導が子供の思考力，判断力，表現力等の育成を実現できていないことが指摘されているのです。中学校で数学を指導する教師のもやもや感は，こうした現状の表れなのかもしれません。

2 思考力，判断力，表現力等と学習指導要領

　ここまで読んで，次は自分の指導のまずさを指摘されるのではないかと思った方がいるかもしれませんが，安心してください。私が言いたいのはそのことではありません。

　まず確認しておきたいのは，思考力，判断力，表現力等と学習指導要領の関係です。平成29年に告示された学習指導要領では，子供の「生きる力」を育むために必要な資質・能力を「知識及び技能」，「思考力，判断力，表現力等」，「学びに向かう力，人間性等」の3つの柱に沿って整理しました。このことを明確にするために，学習指導要領における教科の目標や各学年の目標・内容などもこれらに基づいて記述されていることは周知の通りです。このことは教師にとって朗報ですね。指導する内容のまとまりごとに，子供に身に付けさせるべき思考力，判断力，表現力等が明示されているので，指導の目標が一層明確になったからです。例えば，第1学年の内容のうち「A（1）　正の数と負の数」には，次のように書かれています。

イ　次のような思考力，判断力，表現力等を身に付けること。
　（ア）　算数で学習した数の四則計算と関連付けて，正の数と負の数の四則計算の方法を
　　　　考察し表現すること。
　（イ）　正の数と負の数を具体的な場面で活用すること。

　次に学習指導要領に明記された思考力，判断力，表現力等の特徴について考えてみましょう。気になる点が2つあります。1つは，これらの内容はある決まった単元で指導されるということです。上の例のイ（ア）は，「正の数と負の数」の単元で指導しますが，これに続く「文字を用いた式」や「平面図形」，「比例，反比例」などの単元で指導することはないでしょう。もう1つは，これらの内容に充てられる指導時間はそれ程多くないということです。上の例のイ（イ）は，単元末に設定する「正の数と負の数の活用」などの小単元で指導するのが一般的だと思いますが，単元の指導計画では1～2時間程度の設定ではないでしょうか。つまり，学習指導要領が明記している思考力，判断力，表現力等は，中学校3年間の教育課程の限られた場面の限られた時間の中で育成する必要があるのです。このことが指導のハードルを上げ，1で考えた教師のもやもや感を生み出すことにつながっているのではないでしょうか。もちろん学習指導要領の記述にこのような特徴があるのには理由があります。それは，子供が習得した知識及び技能を活用して問題を解決するための力として育もうとしているからです。つまり，それぞれの単元の学習で子供が思考力，判断力，表現力等を発揮することは，同じ単元で習得した知識及び技能を用いることとセットになっているのです。

3　思考力，判断力，表現力等と数学的活動

　ところで，中学校の数学の授業を通して子供に身に付けさせたい思考力，判断力，表現力等はこれだけなのでしょうか。例えば，授業をしていて「また子供から同じような考え方を引き出そうとしているな」とか「ここでも子供に同じアイデアを使わせようとしているぞ」などと思ったことはありませんか。指導する内容は文字式や図形，関数などと異なるのに，子供に同じように考えさせて問題を解決させたり，問題を見いださせたりしようとした経験です。学習指導要領に示されているのとは少し異なりますが，ここで教師が大切にしている考え方やアイデアなども，中学校の数学の授業を通して子供に身に付けさせたい思考力，判断力，表現力等ではないでしょうか。

　私もメンバーの１人である私的な学習会，数学的活動普及促進委員会（通称「数活委」）では「もっと数学的活動を！」を合い言葉に，数学的活動の授業デザインをひろめる運動を続けています。ここで数学的活動とは，子供が考えることの楽しさを実感できるようにする指導の仕組みづくりのこと。数学的活動というと，その「活動」という言葉から「子供がどのような活動をするか」に目がいきがちですが，むしろポイントは「教師がどのような意図的な指導で，その活動を引き出すか」にあります。つまり，「子供の活動（＝学習）」よりも前に「教師の活動（＝指導）」のエッジを立てることが重要であり，それを可能にする手だてとして６つの視点に基づく授業デザインを提案しているのです（詳細については，拙著『数学的活動の授業デザイン』（明治図書，2018）他をご参照ください）。そして，これに基づいて中学校３年間の全授業を数学的活動を通した指導で実現する指導事例も作成して公開しました（これについては，拙著『数学的活動でつくる365日の全授業』全６巻（明治図書，2021）をご参照ください）。こうした取組の中で気付いたことは，教師が指導を通して子供に考えることを楽しませようとするとき，繰り返し用いている大切な考え方がいくつもあるということです。それは指導する内容だけで決まるものではなく，様々な場面で問題を解決したり，問題を見いだしたりする際に活用できるものです。数学的活動の授業デザインを通して，こうした思考力，判断力，表現力等を育むことも大切にしたいのです。

4　思考力，判断力，表現力等と「思考の種^{たね}」

　教師が指導を通して子供に考えることを楽しませようとするとき，繰り返し用いている大切な考え方があると書きましたが，実際にはどのようなものでしょうか。それには，日々の授業を振り返り，教師が「こんな考え方ができる子供を育てたい」と期待して指導に取り入れている考え方をピックアップすることが有効です。つまり，はじめから「この考え方が大事」と決めつけて教え込むのではなく，普段の授業実践の中からそうした考え方を拾い上げ，ボトムア

ップで整理するのです。またこの際，次の(1)～(4)の4つの要件を満たすかどうかで篩にかけることが大切です。

(1) 指導する内容にとらわれず汎用性があるか。

(2) 子供が授業を通して繰り返し経験できるか。

(3) 子供がそのよさを理解することができるか。

(4) 教師が自分の指導に合わせてアレンジできるか。

なぜこれらの要件が必要なのでしょうか。(1)と(2)は，育成することを実現するためです。私たちが「育成する」と言うときには，ある程度の時間をかけ，繰り返して育て上げることを意味しているのではないでしょうか。思考力，判断力，表現力等を子供の中に根付かせ育て上げるためには，教師が長期的な指導の見通しをもち，授業の様々な場面で子供が繰り返し経験できるようにすることが大切です。教師がどんなによい考え方だと思っても中学校3年間の授業でたった数回しか用いることがなければ，その力を育成することは困難でしょう。

(3)は，育成のステップとして必要だからです。教師が子供の思考力，判断力，表現力等を育成したいと考えるのは，子供がその力を発揮できるようにするためです。でも，それが簡単でないことは多くの教師が経験していることでしょう。子供がその力を発揮できるようになるためには，そのよさを理解するための指導が必要です。「よさを理解するための指導」などというと難しそうですが，そんなことはありません。教師の指導を通して「こういうふうに考えたから，問題の解決に結びついたんだな」とか「こういうふうに考えると，新しい問題が見つけられるのか」と子供が実感できる場面を授業の中につくることです。つまり，子供の思考力，判断力，表現力等を育成したいと思ったら，まずその力を教師が指導の過程で活用し，子供がそれを経験する機会をつくるのです。このことは3で説明した「子供がどのような活動をするか」よりも前に「教師がどのような意図的な指導で，その活動を引き出すのか」を大切にするという数学的活動の授業デザインの基本に基づいています。

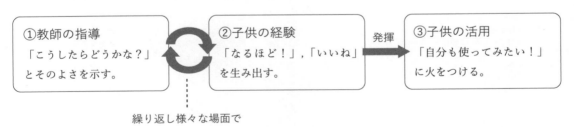

(4)は，多くの教師と共有したいからです。授業実践の中から大切な考え方を拾い上げたとしても，それが特定の教材や指導方法でなければ教えられないものであれば，「私はそんな教材は使わない」とか「そういう指導はしていない」と考える教師の役には立たないでしょう。3にも書いた通り，私が実現したいのは数学的活動の授業デザインをひろめることです。そのために，できるだけ多くの教師が自分の指導に合わせて取り入れられる考え方をピックアップ

することにします。具体的には，考察の対象をどの教科書にも掲載されている知識及び技能の習得に関わる内容に絞りました。「知識及び技能について指導するのに，思考力，判断力，表現力等の育成ができるのか」と言われそうですが，これについては第2部，第3部で説明します。また，「思考力，判断力，表現力等については，単元末の活用の小単元で指導するのでは」とも言われそうですが，本書ではこの部分を考察の対象から外しました。多くの場合これらの小単元では，2で取り上げた学習指導要領の思考力，判断力，表現力等の育成のための指導が行われていますから，そちらを優先してもらうためです。

以上(1)〜(4)の要件を満たす大切な考え方を，私が数活委の仲間とまとめた『数学的活動でつくる365日の全授業』全6巻（明治図書，2021）の授業事例295時間分などからピックアップして整理したのが，下の図です。これら10の大切な考え方を「思考の種」と呼ぶことにします（その理由は5で説明します）。10の思考の種を図のような形に並べたのは，特に指導上の順序性や重要性に違いがないことを示すためです。また思考の種の選定基準とした(1)〜(4)の要件を「思考の種の4要件」と呼ぶことにします。

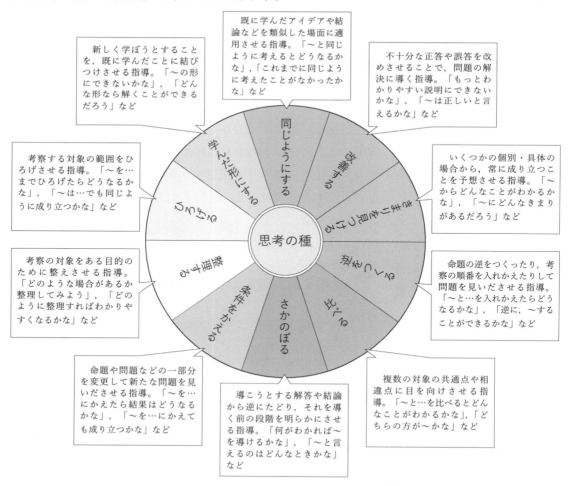

5 思考の種を蒔く指導

　思考の種について説明する前に確認しておきたいことがあります。それは前ページの図に示した10の思考の種は，確定的なものではないということです。4でも説明した通り，私はこれらの大切な考え方を中学校3年間の全授業事例の中からピックアップして整理しましたが，この図を見て「これは大切な考え方とは思えない」とか「もっと他に大切な考え方がある」と感じたかもしれません。それは全く問題ありませんから，自由に変更を加えてください。大切にして欲しいのは，あなたが普段の授業で指導している考え方を振り返り，4で紹介した思考の種の4要件で篩にかけ，あなたにとっての思考の種を見つけ出すことです。

　10の思考の種については第2部で詳しく説明しますが，ここではその概要を説明しておきましょう。前ページの図ではそれぞれの思考の種に簡単な説明をつけましたが，いずれも「〜させる指導」となっています。子供が身に付けるべき大切な考え方が「指導」というのはおかしいと思われたかもしれませんが，もう一度9ページの図を見てください。思考の種は，子供にとっては身に付けるべき大切な考え方ですが，教師にとっては子供がそのよさを経験できるように指導する内容なのです。本書では，教師が思考の種を授業のどこでどうやって指導するかにフォーカスして考察を深めていきます。

　また，10の思考の種がどれも数学を学ぶ上で必要な考え方であることは理解していただけると思いますが，同時にこれだけで問題を解決したり，問題を見いだしたりできる思考力，判断力，表現力等ではないこともわかると思います。むしろ，子供が問題を解決したり，問題を見いだしたりしようとするとき，そのきっかけや手がかりをつかむための考え方ですね。つまり，子供が考え始めるための種になるものという意味で，「思考の種」と呼んでいるわけです。思考の種は，子供にとって自らの思考を駆動するための対象の捉え方といってもよいでしょう。ですから，教師に求められるのは，子供の思考の種を芽吹かせその成長を促し，豊かな思考の樹を育むことなのです。私はその第一歩を「思考の種を蒔く指導」と呼んでいます。第3部では，中学校数学科の全学年，全領域，全単元について，思考の種を蒔く指導を展開することができる内容をまとめました。紙数の関係で全てを網羅することはできませんでしたが，基本的な考え方は理解してもらえると思います。思考の種の1つでもある「同じようにする」を生かして，他にも適用できる指導内容を考えて裾野をひろげてみてください。

　本書では，思考の種を蒔く指導に取り組むときの内容について第3部で解説しましたが，具体的な実践事例を取り上げることはしませんでした。これについては機会を改めて提案したいと思いますが，自分も思考の種を蒔く指導に挑戦してみようという方のために，留意点を2つ挙げておきたいと思います。1つは教師が長期的な指導の見通しをもつことについてです。最低でも小単元を通して，できれば単元を通して，さらに望ましいのは1年間の指導を通して数学的活動の授業デザインに取り組み，どこでどのような思考の種を蒔く指導を行うべきかを明

らかにすることです。子供が様々な場面で繰り返し経験できることを大切にして欲しいのです。もう1つは思考の種のよさを子供が理解する機会をつくることについてです。各思考の種の名称は，授業で子供が使うことを前提に決めてあります。端緒の視点からの指導や解決の視点からの指導で，教師が「ここでは〜という思考の種を使うよ（使ったね）」とアピールすることも考えられるでしょう。また，振り返りの視点からの指導で，「今日の授業ではどのような思考の種を使ったのか」，「それによって何がわかった（できた）のか」を子供に確かめさせることもできそうです。知識及び技能の習得のプロセスで，思考の種を働かせることの意味を子供が実感できるようにして欲しいのです。

　ここまで読んで気がつかれたと思いますが，本書の目的は，あなたにも思考の種を蒔く指導に参加してもらうことです。そのために，先ずは第2部，第3部と読み進めて思考の種を蒔く指導についての理解を深めてください。あなたの参加をお待ちしています！

第2部

中学校数学の授業で
身に付けさせたい／指導したい
10の思考の種

思考の種01
同じようにする

【指導に生かしたい単元例】

・小学校で学んだ計算を基にして計算の根拠を明らかにする（1年「正・負の数」）
・比例と同じように反比例について学ぶ（1年「比例と反比例」）
・図形の性質を導く方法を振り返り，異なる方法で導く（2年「図形の調べ方」）
・√のついた数の計算の根拠を明らかにする（3年「平方根」）

1．「同じようにする」とは

　「同じようにする」とは，既に学んだ問題解決のアイデアや解決した結論などを類似した場面に適用させる指導です。子供に類推させる指導でもありますね。授業では，例えば「〜と同じように考えるとどうなるかな」，「これまでに同じように考えたことがなかったかな」などと子供に問いかけることが考えられます。ここでは，授業の中で子供に同じようにする経験をさせることの意味を考えてみましょう。

2．「なぜそうするのか」に目を向ける

　同じようにすることは，物事の進め方がわからないとき，その根拠にする事柄を探るのに役立つ考え方です。例えば，第1学年で指導する正・負の数の四則計算で，はじめから符号と絶対値についての計算ルールを教え込む教師はいないでしょう。最終的に子供が計算ルールを知識として身に付けられるように指導することは大切です。でもそれだけでなく，「なぜその計算ルール通りにすればよいのか」に答えられる子供を育てるために，小学校で学んだ数の計算と同じように考えることも大切にしたいのです。こうした指導を通じて，算数・数学科が重視している，根拠を明らかにして筋道立てて考えようとする姿勢を子供が身に付けられるようにすることを目指します。

　なお，ここで例として取り上げた正・負の数の計算を含め「数と式」領域で指導する数や文字式の計算については，各単元の指導に限定せず，中学校3年間の教育課程を通じて同じように考えることでその計算の根拠を明らかにする指導が可能です。

3．考え始める基点をつくる

　同じようにすることは，主体的に考えるための基点としても役立つ考え方です。問題を解決しようとするときに，既にうまくいったことを生かすという発想を子供に与えてくれるからです。例えば，第2学年で n 角形の内角の和について指導するとき，下の図のように同じ思考の種である「条件をかえる」と組み合わせて同じように考えさせてみたらどうでしょう。(1)については自分の力だけでは考えられない子供でも，(2)や(3)については(1)と同じように考えることで，論理的に考察し表現するための手がかりが得られるのではないでしょうか。

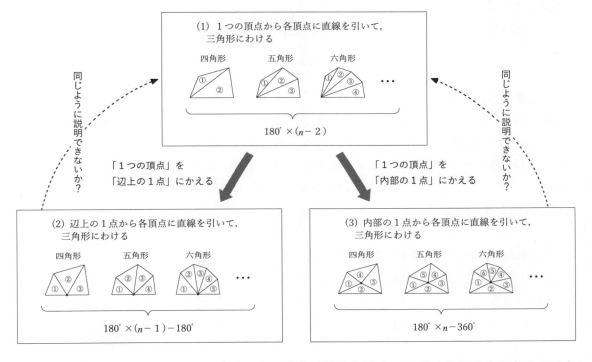

　問題を解決するとは，ゼロから自分1人で考えて解答を導くことだけを意味するものではありません。「同じようにすれば，自分でも問題が解けるかもしれない」という思いが，その後の問題解決の場面で子供の背中を押してくれる指導を心がけたいですね。

4．学び方を学ぶ

　同じようにすることは，子供に学び方自体を学ばせ，主体的な学びに導きたいときにも役立つ考え方です。例えば，第1学年で反比例について指導するとき，「比例の授業と同じようなことをしているな」と感じたことはありませんか。そのことを生かして，反比例の授業では教師が一歩後ろに下がって，子供に比例について学んだときと同じように考えさせてみるのです。例えば，反比例についてどんなことを考えることができそうかや，それをどのようにまとめることができそうかなど，学び方の見通しをもたせる指導もできるのではないでしょうか。

思考の種02
改善する

【指導に生かしたい単元例】

・「ずらす」,「まわす」,「裏返す」をより的確に表現する（1年「平面図形」）
・不確定な事象について，判断の根拠を明確にして説明する（2年「確率とデータの分布」）
・因数分解を使って二次方程式が解ける理由を考える（3年「二次方程式」）
・三平方の定理の証明をわかりやすく改める（3年「三平方の定理」）

1．「改善する」とは

　「改善する」とは，子供に不十分な正答や誤答を改めさせることで，問題の解決に導く指導です。批判的に考察する力や読解力を高めるための指導でもありますね。授業では，例えば「もっとわかりやすい説明にできないかな」,「～は正しいと言えるかな」などと子供に問いかけることが考えられます。ここでは，授業の中で子供に改善する経験をさせることの意味を考えてみましょう。

2．「これが言いたいのでは」に思いを巡らす

　改善することは，受信した情報を解釈し，よりよいものに改めるのに必要な考え方です。「この説明を考えた人は，～が言いたいのではないか」,「だったら，～のように改めた方がよいのではないか」などと発信者の考えに子供が思いを巡らすことでもあり，協働的な活動に参画する上で欠かせません。例えば，第2学年で図形の性質の証明について指導する初期の段階で，証明を読むことを取り入れている教師は少なくないでしょう。次ページの図の(1)では，問題の内容を確認して仮定と結論を明らかにしたら全体で見通しを立てます。そして次は各自で自由に証明に取り組ませる…とはせずに，(2)の「先生が考えた証明」を示し，子供にじっくり読ませたら気がついたことを自由に発言させるのです。例えば「どうして，△OAP≡△OBPなのかわからない」といった疑問に対して「それは三角形の合同条件に当てはまるからだよ」という意見が出れば，これを教師が受けて「そういうことも証明に書いて，もっとわかりやすくできないかな」と問いかけ，(3)の指導に入ります。ここで学習の目標を「証明すること」から「証明を読んでわかりやすくなるように改善すること」に切り替えるわけです。この際に大切にしたいのが，「何を書き加えるのか」と共に「なぜ書き加えるのか」も子供に考えさせることです。これによって証明する図形の性質がかわっても，証明を書く際に何を大切にする必要があるのかがわかります。(3)ではこれを矢印で証明に書き加え，上側に「何を書

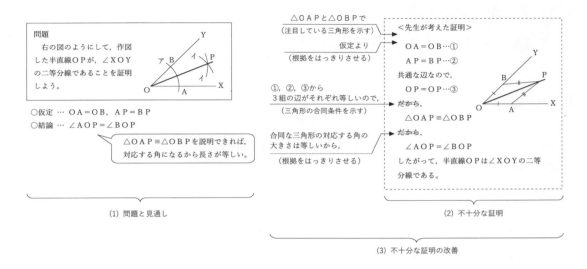

(1) 問題と見通し

(2) 不十分な証明

(3) 不十分な証明の改善

き加えるのか」，下側に「なぜ書き加えるのか」を示しました。証明を読む活動は子供の証明に対する理解を深めると共に，他者の意図を読み取り改善する力を高めるためにも役立ちます。

3.「こうすればもっとわかりやすくなるのでは」を提案する

　これについては2と連動する関係になっています。改善することは，受信した情報を解釈してよりよいものに改めることだと説明しましたが，「よりよい」とは自分だけでなく他者にとってもよりわかりやすいということです。上の図で(3)のように証明を改善するのは，証明を読んだ人にとってわかりやすくすることに他なりません。つまり，改善することは相手を意識して情報を発信するのに必要な考え方でもあるのです。あなたの授業で，子供は誰に対して説明しているでしょうか。「先生に頷いてもらうため」になっていませんか。子供たちが学びを共有して互いにひろげたり深めたりできるようにするためにも「受信→改善→発信」する経験を大切にしたいですね。

4．誤りの理由とその原因に目を向ける

　数学の授業で指導する知識や技能の中には，子供が典型的な誤りに陥りやすい内容があります。改善することは，こうした子供のつまずきを防止するのに役立つ考え方でもあります。教師がそうした誤答をあえて示し，子供がその改善に取り組む場面を設けることで理解を深めさせる指導です。大切にしたいのは，「なぜ誤りなのか」だけでなく「どうしてそのような誤りをしてしまうのか」まで子供に思いを巡らせることです。こうした視点をもつことで，典型的な誤りを他人事から自分事に切り替えることができ，知識や技能の一層の定着につながるのではないでしょうか。

思考の種03
きまりを見つける

【指導に生かしたい単元例】

・おうぎ形の中心角と，弧の長さや面積の関係に着目する（1年「平面図形」）

・帰納的に考えて図形の性質を予想する（2年「図形の性質と証明」）

・関数 $y＝ax^2$ のグラフの特徴を明らかにする（3年「関数 $y＝ax^2$」）

・帰納的に考えて円周角と中心角の関係を予想する（3年「円」）

1．「きまりを見つける」とは

　「きまりを見つける」とは，いくつかの個別・具体の場合から常に成り立つことを予想させる指導です。子供に帰納的に考えさせる指導とも言えますね。授業では「〜からどんなことがわかるかな」，「〜にどんなきまりがあるだろう」などと子供に問いかけることが考えられます。ここでは，授業の中で子供にきまりを見つける経験をさせることの意味を考えてみましょう。

2．きまりを見つけて予想を立てる

　「きまりを見つける→予想を立てる→それがいつでも成り立つことを説明する」は，中学校数学科の指導の中核を成すものです。教師が問題を出してくれるのを待つだけではなく，自ら問題を見いだすことができる子供を育てることの重要性が指摘されていますが，そのきっかけをつくるのがきまりを見つけることなのです。「このきまり，いつでも成り立つのではないかな」と予想すると，それが本当かどうか確かめたくなるのは子供に限ったことではないですね。

　子供にきまりを見つけさせたい場面は，「図形」領域を中心に中学校3年間の指導内容のいろいろなところに見いだすことができます。例えば，第2学年で指導する平行四辺形になるための条件はその1つでしょう。平行四辺形の性質の逆をつくり，それが正しいかどうかを予想させます。この際，条件に当てはまる四角形を子供につくらせて，平行四辺形になるというきまりがあるかどうかを調べさせるのです。例えば「2組の向かい合う辺がそれぞれ等しい四角形は平行四辺形である」については，2本の長さの等しい棒のセットを何組か準備して，子供

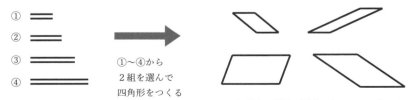

どの四角形も，平行四辺形になるのではないか…

に２組の棒を自由に選ばせ，それぞれが向かい合う辺になるように並べて四角形をつくらせることで，平行四辺形になるというきまりがあるかどうか予想させることが考えられます。

３．考察する対象の特徴をつかむ

　きまりを見つけることは，２で紹介したように問題発見の糸口になりますが，問題解決でも重要な役割を果たします。考察する対象の特徴を捉えるときにも役立つ考え方なのです。特に対象の変化の特徴を捉えようとする場合は，同じ思考の種である「比べる」と組み合わせて指導すると有効な場合が少なくありません。第２学年で一次関数 $y = ax + b$ のグラフの特徴を子供に見いださせる指導はその代表的な例と言えるでしょう。下の図は，関数 $y = 2x$ のグラフを基にして関数 $y = 2x + 3$ のグラフをかいた後，x の係数と定数項の値をそれぞれ変化させてきまりを見つけさせる授業をイメージしたものです。ここでは，子供が視覚的に捉えたグラフの間に見られるきまりを，どのように言語化するかが大切になりますね。また，これに続く一次関数 $y = ax + b$ で $a < 0$ の場合についても，子供に比べてきまりを見いださせる授業が展開できることは明らかでしょう。授業では教師がまとめとして説明してしまいがちですが，子供が比べてきまりを見いだす経験ができるように指導することも大切にしたいのです。なおこの例では，ICT を活用して子供にきまりを見つけさせることも考えられます。グラフを動的に捉えられるアプリを使うと，下の例の場合「x の係数が大きくなると，グラフは点（０，３）を中心に反時計回りに回転する」というきまりを見つける子供も出てきます。

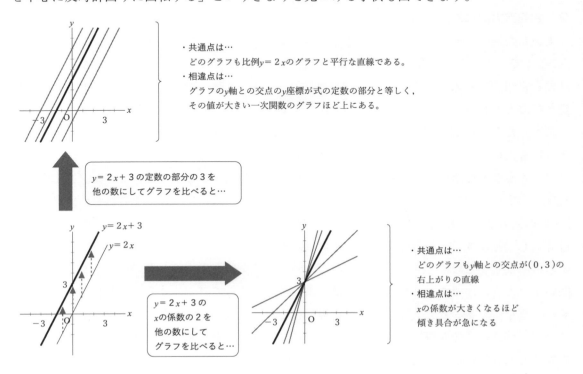

・共通点は…
　どのグラフも比例 $y = 2x$ のグラフと平行な直線である。
・相違点は…
　グラフの y 軸との交点の y 座標が式の定数の部分と等しく，
　その値が大きい一次関数のグラフほど上にある。

$y = 2x + 3$ の定数の部分の３を
他の数にしてグラフを比べると…

$y = 2x + 3$
$y = 2x$

$y = 2x + 3$ の
x の係数の２を
他の数にして
グラフを比べると…

・共通点は…
　どのグラフも y 軸との交点が（０，３）の
　右上がりの直線
・相違点は…
　x の係数が大きくなるほど
　傾き具合が急になる

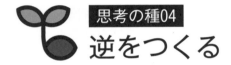

逆をつくる

【指導に生かしたい単元例】

・文字式を双方向に操作したり翻訳したりする（1年「文字の式」）

・一次関数の式とグラフを双方向に結びつける（2年「一次関数」）

・図形の性質の逆を考える（2年「図形の性質と証明」）

・展開の計算を逆にたどって因数分解する（3年「多項式」）

1．「逆をつくる」とは

「逆をつくる」とは，命題の逆をつくったり，考察の順番を入れかえたりして問題を見いださせる指導です。子供に発展的に考えさせる指導でもありますね。授業では「〜と…を入れかえたらどうなるかな」，「逆に，〜することができるかな」などと子供に問いかけることが考えられます。ここでは，授業の中で子供に逆をつくる経験をさせることの意味を考えてみましょう。

2．式を双方向に変形する

上述した通り，逆をつくることは命題の逆をつくることだけを意味するものではありません。「ここまで，AからBを考えてきたけれど，逆にBからAを考えるとどうなるかな」という程度の日常用いている「逆」に近い発想です。従って，「図形」領域を中心に指導する命題の仮定と結論を入れ換えて逆をつくることを含みますが，よりひろく捉えています。

こうしたひろい意味での逆をつくることは，「数と式」領域で知識や技能について指導するときにも大切にしたい考え方です。例えば数や文字式の計算では，多くの場合，左辺から右辺に変形することを指導しますが，逆に右辺から左辺に変形することもできますね。第1学年で，文字式の乗法を記号「×」を省いて書くことを指導したら，逆に「×」を省略した式を示して，「×」の記号を使った式に書き換えさせるのはその例です。また第3学年で，$\sqrt{}$のついた数の計算として指導する $a\sqrt{b}=\sqrt{a^2 \times b}$ の変形は，逆をつくることの指導そのものですね。「数を $\sqrt{}$ の中にひとまとめにできるのなら，逆に $\sqrt{}$ の中の数を外に出すこともできるかな」と子供に問いかけてみるのです。こうした指導は，単に逆をつくって考えさせることが目的ではありません。逆をつくることで式を左辺から右辺，右辺から左辺へと双方向に変形できるようにすることで，計算の意味の理解や計算技能の習熟につなげたいのです。第3学年で指導する文字式の展開と因数分解がその最終段階であることは明らかでしょう。

3．表，式，グラフを相互に関連付ける

　「関数」領域の指導では，子供が表，式，グラフを相互に関連付けて考察し表現できるようにすることが求められています。数量の関係の何を捉えようとするのかという目的に応じて，子供がそれぞれの数学的な表現を使い分けられるようになるためには，表，式，グラフの間で自由にかき換えられるようになる必要があるからですね。そのための基盤になるのが逆をつくって考えることなのです。例えば，関数の式からグラフをかくことについて指導したら，次に子供に投げかける発問は「逆に，関数のグラフから式を求めることはできるかな」ではありませんか。このように考えると，「関数」領域で指導したい逆をつくることは，式とグラフの間だけでなく，表も含めて考える必要がありそうですね。

4．図形の性質の証明以外でも逆をつくる

　「図形」領域では，図形の性質の証明の指導で逆をつくることを取り上げます。第３学年では，円周角の定理の逆や三平方の定理の逆のようにそのこと自体が指導内容になっていますね。でも，それ以外にも子供に逆をつくって考える経験をさせたい場面はいろいろあります。例えば，第１学年では言葉や図を使って表現された図形の性質を数学的に表現することを指導します。右の図では長方形を図示して対角線の長さが等しいことを説明した上で，それを「ＡＣ＝ＢＤ」と記号を使って表現することを求めています。何でもなさそうなことですが，これは平成25年度に学力調査で出題された問題で，正答率は69.3％，無解答率は13.7％だったのです。調査報告書では「△ＡＢＣ≡△ＤＣＢ」という誤答が見られた

（2）下の図で，四角形ＡＢＣＤは長方形です。

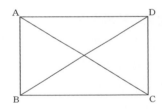

長方形の対角線の長さは等しいといえます。
下線部を，上の図の頂点を表す記号と，記号 ＝ を使って表しなさい。

ことも紹介されています。こうしたかき換えができない子供が，図形の性質の証明を記述することは難しいでしょう。

　このような課題を解決するために，逆をつくって考えられる子供を育てたいのです。上の問題であれば，長方形ＡＢＣＤとＡＣ＝ＢＤを示して，「これは長方形のどのような性質を表しているか」に答えられるようにすることですね。教師がこうした視点の転換を大切にして指導することで，子供が「逆をつくったらどうなるのかな」と考えられるようにしたい。そうすることで，自分が表現したい図形の性質を言葉と数学的な表現の間で双方向に変換できる子供を育てられるのではないでしょうか。

比べる

【指導に生かしたい単元例】

・計算の進め方を比較してその工夫に着目する（1年「正・負の数」）

・同じ図形の性質の異なる証明を比較する（2年「図形の性質と証明」）

・複数のデータの分布の傾向などを比較する（2年「確率とデータの分布」）

・既習の関数と比較して関数 $y＝ax^2$ の特徴を明らかにする（3年「関数 $y＝ax^2$」）

1．「比べる」とは

　「比べる」とは，複数の対象の共通点や相違点に目を向けさせる指導です。対象の特徴を捉えさせたり，判断させたりする指導でもありますね。授業では「〜と…を比べるとどんなことがわかるかな」，「どちらの方が〜かな」などと子供に問いかけることが考えられます。ここでは，授業の中で子供に比べる経験をさせることの意味を考えてみましょう。

2．考察する対象の特徴を捉える

　比べることは，優劣を決める場合だけでなく，考察する対象の特徴を捉えるのに役立つ考え方です。例えば「数と式」領域では，数や文字式の計算を工夫することについて指導します。この工夫のよさを子供が理解できるようにするには，比べて考えさせることが有効です。第3学年で式を工夫して因数分解することについて，$(x-1)^2+4(x-1)-5$ を取り上げて指導することを考えてみましょう。教師としては，下の図の(2)のように計算することを指導したくなりますが，それをちょっと我慢して，まず(1)のように計算して因数分解してから(2)を取り上げ，2つの式変形の結果と過程を比べてみるのです。子供はどんなことに気がつくでしょうか。まず，どちらで計算しても同じ結果が導けていることがわかるでしょう。次に式変形の過程を比べてみると，工夫したという割に必ずしも(2)が(1)よりも簡潔に計算できるとは言えないような気がしますね。でも，もう少しよく比べてみると(1)では「展開する→同類項をま

$$
\begin{aligned}
(1)\ &(x-1)^2+4(x-1)-5 \\
&=x^2-2x+1+4x-4-5 \\
&=x^2+2x-8 \\
&=(x+4)(x-2)
\end{aligned}
$$

$$
\begin{aligned}
(2)\ &(x-1)^2+4(x-1)-5 \\
&=M^2+4M-5 \quad\text{◀---}\ x-1\ を M とする \\
&=(M+5)(M-1) \\
&=(x-1+5)(x-1-1) \quad\text{◀---}\ x-1\ を M とする \\
&=(x+4)(x-2)
\end{aligned}
$$

とめる→因数分解する」という複数の式操作が行われているのに，(2)では $x-1$ をMと置き換えた後は因数分解と簡単な数の計算しかしていません。こうした点に気付くことができるのも，比べて考えることの成果です。もちろん，(2)の方法はMで置き換えて因数分解の公式が適用できることが前提なので，万能な方法というわけではないことも指導する必要があります。

　同じ第3学年で指導する二次方程式については，子供が自分なりの判断で解き方を選べるようにしたいですね。そのためには同じ方程式を異なる解法で解いて比べることで，それぞれの解き方の特徴を明らかにする経験が必要です。ある先生が，子供と一緒に $ax^2+bx+c=0$ の形の二次方程式の解き方を比べて，次の①〜④のような「二次方程式の解く順リスト」をつくったそうです。

　①$b=0$ のときは，平方根の考えを使って解く。
　②$a=1$ でないときは，解の公式を使って解く。
　③因数分解できるときは，因数分解を使って解く。
　④因数分解できそうもないときは，解の公式を使って解く。

　このうち②については因数分解できる場合もありますが，子供の「難しい」という意見が多数で残ったそうです。また④については，仮に因数分解できても30秒考えて思いつかなければ解の公式を使った方がよいということになったとのこと。もちろんいずれも目安で，そうしなければならないということではありませんが，子供らしい考えが見え隠れして面白いですね。こうした判断の背景にある子供の比べて考える姿勢を大切にしたいものです。

3. 不確定な事象の起こりやすさやデータの分布の傾向を捉える

　比べることで考察する対象の特徴を捉えることは，「データの活用」領域の指導でも役立つ考え方です。確率については，不確定な事象の起こりやすさを子供に比べさせる問題が授業で多く取り上げられていますね。これは，「事象Aの起こりやすさはどのくらいか」と問うよりも，「事象Aと事象Bでは，どちらが起こりやすいか」と問う方が子供が結果を予想しやすくなり，予想すると「どうすればそれを確かめられるだろう」，「データを収集して数値で比較できないか」と思考が動き出すからです。

　統計については，第1学年で1つのデータをヒストグラムに整理する際，階級の幅を変えたヒストグラムをつくって比べることを指導します。これによって捉えられる分布の傾向に違いがあるかどうか，子供が判断できるようにしたいのです。また相対度数は，大きさの異なるデータを比べる際に用いられますね。第2学年では，学習指導要領に「四分位範囲や箱ひげ図を用いてデータの分布の傾向を比較して読み取り，批判的に考察し判断すること」とあるように，複数のデータを比べて考えることが指導内容になっています。箱ひげ図は，データを比べて考えるための統計的な指標なのです。その指標を活用するための視点として，箱とひげのそれぞれの位置と長さの解釈の仕方を子供に身に付けさせたいのです。

思考の種06
さかのぼる

【指導に生かしたい単元例】
・証明の方針を立てる（2年「図形の調べ方」）
・方針を立てて証明する（2年「図形の性質と証明」）
・方針を立てて証明する（3年「図形と相似」）

1.「さかのぼる」とは

　「さかのぼる」とは，導こうとする解答や結論から逆にたどり，それを導く前の段階を明らかにさせる指導です。子供に解析的に考えさせる指導でもありますね。授業では「何がわかれば〜を導けるかな」，「〜と言えるのはどんなときかな」などと子供に問いかけることが考えられます。ここでは，授業の中で子供にさかのぼる経験をさせることの意味を考えてみましょう。

2．論理的に考察し表現するための見通しを立てる

　さかのぼることは，対象を論理的に考察して表現しようとする際に役立つ考え方です。中学校数学科では，第2，3学年の「図形」領域における指導を中心に取り上げる思考の種であり，他の思考の種に比べると子供に経験させる場面は限定的です。

　さかのぼって考えることが必要になるのは，図形の性質を証明するために，証明の方針を立てることを指導するときです。第2学年の「図形」領域の指導では，子供が自ら図形の性質を証明できるようにすることを目指しますが，その難しさは多くの教師が経験していることでしょう。そこで，証明そのものに取り組む前に，その足がかりとなる証明の方針を立てることを指導する教師は少なくありません。学習指導要領解説でも「証明の方法について理解するためには，証明の方針を立て，それに基づいて証明をすることが大切である」と説明されています。証明の方針に決まったフォーマットがあるわけではありませんが，1つのひな形が平成20年度の学力調査「数学B」④の問題で次のページの図のように示されています。ここではこれを参考にして，さかのぼることについて考えてみましょう。

　次ページの図で，右側に示された「拓也さんのメモ」が，左側に示された問題を解決するための証明の方針です。その内容は①〜③の3項目で構成されています。②では，左の問題から読み取れる情報を図を使って整理しています。図形の性質を証明する際には，その前提となる仮定を明らかにするために必ずすることですね。結論に向けて一歩前進するための準備です。

4 拓也さんは，次の問題を考えています。

問題

　下の図1のように，∠XOYの辺OXと辺OY上に，OA＝OBとなるように点Aと点Bを，OC＝ODとなるように点Cと点Dを，それぞれとります。
　点Aと点D，点Bと点Cをそれぞれ結ぶとき，AD＝BCとなることを証明しなさい。

図1

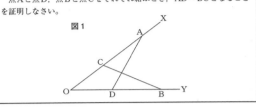

拓也さんは，証明の方針を下のようなメモにまとめました。

拓也さんのメモ

① AD＝BCを証明するためには，△AODと△BOCの合同を示せばよい。

② 図1の△AODと△BOCを見やすくするために，2つの図に分けて，仮定を表すと，下のようになる。

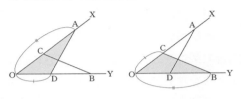

③ ②をもとにすると，△AODと△BOCの合同が示せそうだ。

　ここで注目したいのは①です。①では結論から一歩さかのぼって，結論を導く前の段階を明らかにしています。「△AOD≡△BOCを示すことができれば，合同な図形の対応する辺の長さが等しいことから，AD＝BCを示せる」ということですね。なぜこんな考え方をするのでしょうか。その理由が③に書かれています。問題から前進しながら考える②と，結論からさかのぼって考える①を結びつけることができれば証明を完成できるというロードマップ，それが証明の方針なのです。図形の性質を証明する授業で，子供に②を考えさせない教師はいないでしょう。でも，①はどうでしょうか。子供が各自で証明に取り組む前に，教師が教えることにしっかり関わって証明の方針を立てることで，証明に対する子供のハードルを下げたいのです。さかのぼって考えることは，その重要な構成要素になっています。

3.「図形」領域以外でもさかのぼって考える

　さかのぼって考えることは「図形」領域の指導を中心に取り上げる思考の種だと書きましたが，他の領域の学習でも子供が論理的に考察し表現しようとする際に役立つ考え方です。ただ，その多くは各単元に位置付けられている活用の小単元で指導されています。本書はこの部分を考察の対象から外しているので第3部で取り上げる機会がありませんが，ここで少しだけ触れておきましょう。第2学年の「数と式」領域では，文字式で数量及び数量の関係を捉え説明することを指導します。例えば，「2つの奇数の和は偶数である」ことを説明する場合，

　・2つの奇数を整数を表す文字 m，n を用いて $2m+1$，$2n+1$ と表す。

　・それらの和 $(2m+1)+(2n+1)$ を計算すればよい。

と考えますが，同時に結論からさかのぼって考えて，

　・計算結果が偶数であることを示せばよいので，2×(整数)の形に変形できればよい。

と見通しを立て，$2m+2n+2$ を $2(m+n+1)$ の形の式に変形しますね。ここでも，さかのぼって考えることで，式変形の目標を明確にしているのです。

思考の種07

条件をかえる

【指導に生かしたい単元例】

・「これも計算できるかな」で考察の対象をひろげる（1年「正・負の数」）

・平行線や角の性質などを結びつける（2年「図形の調べ方」）

・問題の条件をかえて起こりやすさに違いがあるか考える（2年「確率とデータの分布」）

・文字の次数を増やして新しい方程式を生み出す（3年「二次方程式」）

1.「条件をかえる」とは

　「条件をかえる」とは，命題や問題などの一部分を変更して新たな問題を見いださせる指導です。子供に発展的に考えさせる指導でもありますね。授業では「〜を…にかえたら結果はどうなるかな」，「〜を…にかえても成り立つかな」などと子供に問いかけることが考えられます。ここでは，授業の中で子供に条件をかえる経験をさせることの意味を考えてみましょう。

2. 学習する内容を自ら見いだす

　条件をかえることは，与えられた問題を解き続ける受け身の姿勢を，自ら問題を見いだそうとする姿勢へ転換するのに役立つ考え方です。例えば「数と式」領域の指導では，子供の計算技能の習熟が指導の大きな目標になります。とは言うものの，次々与えられる式を繰り返し計算していくだけでは子供のやらされ感が高まるばかりではないでしょうか。そこで，教師が一方的に計算問題を提示するのではなく，計算する式の条件をかえることで，新たな計算問題を設定してみるのはどうでしょう。例えば第1学年の正・負の数について，2つの整数の加法の計算について指導したら，下の図の矢印のように式の条件をかえながら「これも計算できるかな」と子供に問いかけ考えさせるのです。

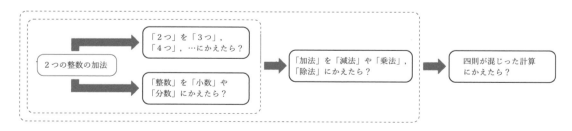

　これによって，なぜそのような計算について考えるのかを子供が理解できるようになります。また「条件をかえながら考えると，次々新しい問題が見つけられて面白いな」と思える経験が，

「次は，条件をかえてこんな式をつくっても計算できるかな」という子供の主体的な学びを促すことにもつながるのではないでしょうか。なお，こうした条件をかえて考えさせる指導が，文字式の計算についても同様に展開できることは明らかでしょう。

3．数学の世界のひろがりを実感する

　条件をかえることは，数学の世界のひろがりを実感するきっかけになる考え方でもあります。

　「数と式」領域の内容である方程式は，第1学年で指導する一元一次方程式について「文字の数を1つから2つに増やしたらどうなるかな」と考えることで，第2学年で指導する連立二元一次方程式に発展します。また，「文字の次数を1次から2次に増やしたらどうなるかな」と考えることで，第3学年で指導する二次方程式に発展しますね。このように条件をかえて考えられる子供は，「方程式は他にもいろいろつくれるのではないか」ということに気付くのではないでしょうか。中学校で直接指導する内容ではありませんが，高等学校以降の数学の学習を見据えて，子供が数学の世界のひろがりを実感することを大切にしたいのです。これについては「関数」領域の指導についても同じことが言えますね。

　また，条件をかえて方程式を発展的に考えることを，「同じようにする」と組み合わせると，方程式を解くことや解の意味を統合的に捉えることができます。「一元一次方程式には解があったのだから，その条件をかえてつくった連立方程式や二次方程式にも同じように解があるのではないか」と考えるわけです。

4．ネットワークをつくる

　条件をかえることは他の思考の種，例えば「逆をつくる」などと組み合わせることで，指導する内容のネットワークを構成するのに役立つ考え方です。ここで「ネットワーク」とは，指導する内容のつながりのこと。教師が思考の種を蒔く指導をすることでその関連性を示し，「なぜそのことを考える（学ぶ）のか」を子供にわかるようにすることを意味します。ある内容を指導したら，教師が「今度は〜の条件をかえたらどうなるかな」，「〜の逆をつくったらどうなるだろう」などと子供に問いかけることで，次の指導内容につなげ，考えることの必要性を生み出すのです。こうした指導を繰り返すうちに，「先生，次は〜の条件をかえてみようよ」などと教師の先手を打つ子供が出てきたら，思考の種を蒔く指導の成果と言えるのではないでしょうか。

　このようにしてネットワークを生み出すことで，学んだことを羅列的に捉えていた子供がその関連性を意識し，学習内容を俯瞰的に捉えられるようにしたいのです。こうした思考の種を蒔く指導は，第2，3学年の「図形」領域で展開することができますが，ここで具体的な内容を取り上げて説明すると話が長くなります。詳しくは第3部を参照してください。

思考の種08
整理する

【指導に生かしたい単元例】

・仲間わけを通して新たな考察の対象を見いだす（1年「空間図形」）

・分布の傾向などを把握するためにデータを整理する（1年「データの活用」）

・場合の数などを把握するためにデータを整理する（2年「確率とデータの分布」）

・まだ計算できない式を見つけ出す（3年「多項式」）

1．「整理する」とは

　「整理する」とは，考察の対象をある目的のために整えさせる指導です。整理すること自体が目的ではないので，授業の終盤に行われる学習のまとめなどはこれに含めません。授業では「どのような場合があるか整理してみよう」，「どのように整理すればわかりやすくなるかな」などと子供に問いかけることが考えられます。ここでは，授業の中で子供に整理する経験をさせることの意味を考えてみましょう。

2．問題の発見に役立てる

　整理することは，まだ考えたことがないこと（まだ知らないこと）を明らかにし，これから取り組む問題を見いだすのに役立つ考え方です。例えば，第1学年で指導する正・負の数の導入では，子供に身の回りにある数を整理させる教師が多いのではないでしょうか。これは，単に負の数を見つけさせることが目的ではなく，「どのような場面で用いられている数なのか」，「なぜその数が用いられているのか」も含めて子供に整理させ，負の数の特徴をつかませるためです。その上で，負の数も整数（子供が小学校で学んだ意味での整数ですね）や小数，分数と同じように，大小を比べたり，計算したり，身の回りで活用したりすることができるかを問い，子供にこれからの学習の見通しをもたせるのです。

　同じ第1学年で指導する関数についても，具体的な事象の中から子供にともなって変わる2つの数量をいろいろ見つけさせる教師は少なくないでしょう。この際に大事にしたいのは，事象の中から見いだした数量の関係を視点を決めて（比例か，反比例か，それ以外か）整理することで，小学校で学んだ比例でも反比例でもない関係を見つけさせることです。「比例でも反比例でもない関数とは，どのような関数なのか」という疑問をもたせることで，第2，3学年の「関数」領域の指導につなげていくわけですね。

3. 問題の解決に役立てる

　整理することは，問題を解決する過程でも役立つ考え方です。「データの活用」領域では，不確定な事象についてデータの傾向を読み取り判断することを指導します。その過程で必要になるのがデータを整理することですね。第2学年で指導する場合の数による確率については，それを求める過程で場合の数を求めることが必要です。子供が起こり得る場合を順序よく整理して，落ちや重なりがないように数え上げることが問題の解決に欠かせません。ところが場合の数を求めることは，現行の学習指導要領では小学校第6学年で指導されています。小学校での学習との接続が欠かせない内容です。

　同じ第2学年で指導する箱ひげ図は，複数のデータの分布の傾向を比較して読み取ることができるように整理する方法です。箱ひげ図を用いてデータを整理することで問題を解決することを指導するわけですね。余談ですが令和4年に実施された学力調査では，下の図のような箱ひげ図の意味の理解に関する問題が出題されていて，正答であるアを選択できた子供は44.4%でした。箱ひげ図の指導はまだまだ道半ばということでしょうか。

（2）大地さんはコマAを，葉月さんはコマBを選びました。コマを回す練習をしていた葉月さんは，コマを回す高さによって回る時間に違いがあるのではないかと考えました。そこで，次の図のように，1cmの高さを低位置，10cmの高さを中位置，20cmの高さを高位置として，それぞれの位置からコマBを回し，コマBが回った時間のデータを位置ごとに集めました。そして，それぞれのデータの散らばりの程度を比較するために箱ひげ図をつくりました。

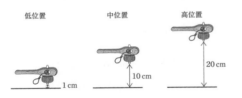

低位置　　　　中位置　　　　高位置

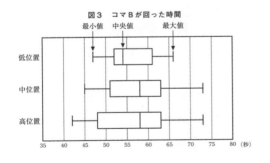

図3　コマBが回った時間

　葉月さんは，前ページの図3の箱ひげ図を比較して考えています。最大値と中央値は，低位置よりも中位置，高位置の方が大きいことから，葉月さんは低位置よりも中位置，高位置の方がより長い時間回ると判断しました。

　次に，中位置と高位置の箱ひげ図を比較すると，箱が示す区間は高位置よりも中位置の方が短いことがわかりました。

　このとき，箱が示す区間にふくまれているデータの個数と散らばりの程度について正しく述べたものを，下のアからエまでの中から1つ選びなさい。

　ア　データの個数は中央値を中心とする全体の約半数であり，データの散らばりの程度は，高位置よりも中位置の方が小さい。

　イ　データの個数は中央値を中心とする全体の約半数であり，データの散らばりの程度は，高位置よりも中位置の方が大きい。

　ウ　データの個数は高位置よりも中位置の方が少なく，データの散らばりの程度は，高位置よりも中位置の方が小さい。

　エ　データの個数は高位置よりも中位置の方が少なく，データの散らばりの程度は，高位置よりも中位置の方が大きい。

　このように，整理することは問題解決の過程でも大切な考え方ですが「どうやって整理するか」だけでなく，「どれを使って整理するか」を考えられる子供を育てたいものです。整理することを問題の解決に生かすためには，目的に合った方法を選択して整理できることが必要になります。つまり，整理するとは単に与えられた方法で整理することではなく，「〜を明らかにするには，…を使って整理するとよい」と判断できることを含んでいるのです。

思考の種09
ひろげる

【指導に生かしたい単元例】

・2つの視点から比例と反比例の世界をひろげる（1年「比例と反比例」）
・2つの視点から一次関数の変化の割合の特徴を明らかにする（2年「一次関数」）

1.「ひろげる」とは

　「ひろげる」とは，考察する対象の範囲をひろげさせる指導です。これまで学んできたことをより広い範囲に適用できるかに子供の目を向けさせる指導でもありますね。授業では「〜を…までひろげたらどうなるかな」，「〜は…でも同じように成り立つかな」などと子供に問いかけることが考えられます。ここでは，授業の中で子供にひろげる経験をさせることの意味を考えてみましょう。

2. 数の範囲をひろげる

　中学校数学科でひろげることと言えば，数の範囲をひろげることの指導でしょう。「数と式」領域では，子供が小学校で学んだ数の範囲を，第1学年では正の数と負の数の範囲に，第3学年では無理数を含んだ範囲にまでそれぞれひろげます。数についての指導では，「見つける」，「表す」，「比べる」，「計算する」，「生かす」の5つの活動を生徒が経験できるようにすることが大切です。「見つける」活動では身の回りにこれまでの数とは異なる新しい数が存在することを明らかにさせ，「表す」活動では新しい数をこれまでに学んだ数と同じように数学的に表現する方法を考えさせます。「比べる」活動ではこれまでに学んだ数も含めて新しい数の大小関係の判定の仕方を明らかにしながら数の感覚を豊かにし，「計算する」活動ではこれまでに学んだ計算を基に，新しい数の計算の仕方だけでなく計算の意味を理解できるようにするのです。そして「生かす」活動では，新しい数を具体的な場面で活用できるようにします。こうした意味で，第1学年の「正・負の数」と第3学年の「平方根」の単元は，ひろげて考えること自体が子供の学習内容になっており，その場面は広範囲に及びます。そこで本書では，これらの単元における個々の思考の種を蒔く指導については取り上げないこととし，それ以外の単元における指導について考えます。

3．関数の変域や比例定数の範囲をひろげる

　「関数」領域では，指導する関数の変域や比例定数の範囲を正の数から負の数までひろげ，その特徴について考えさせます。例えば，第1学年で指導する比例と反比例については，子供が小学校で学んだことを基にしながら，ひろげて考えることで中学校で学ぶ比例と反比例にそれぞれ接続できるようにします。ここで「接続できる」とは，単に変域や比例定数の範囲をひろげることだけでなく，小学校で学んだ比例と反比例の性質もひろげること，つまりそのまま成り立つかどうか確かめることを意味します。比例については「ともなって変わる2つの数量のうち，一方の値が2倍，3倍，…になると，他方の値も2倍，3倍，…になる」ことを小学校で指導しています。もし数の範囲をひろげたときにこの関係が成り立たなくなると，子供が比例について小学校で学んだことを中学校の学習で活用することができなくなり，一旦リセットして新たに学び直すことが必要になってしまいますね。そうした必要がないことを確認する，これからの学習の基盤となる内容です。

　また，「関数」領域の指導では，子供が関数の値の変化の特徴を理解できるようにすることも大切です。下の図は関数 $y=ax$ と関数 $y=ax^2$ について，x と y の値の増減の特徴を指導する過程を簡単にまとめたものです。まず，a の値が正の数である場合の変化の特徴を捉えさせ，「この特徴は，比例定数の範囲を負の数までひろげるとどうなるかな」と子供に問いかけて考えさせるのです。関数 $y=ax$ でも関数 $y=ax^2$ でも，指導の流れは同じですね。そして，ひろげて特徴を見つけることができたら，$a>0$ である場合と $a<0$ である場合を比べてきまりを見つけることを指導するのです。

関数 $y=2x$

x	$\cdots$	-2	-1	0	1	2	$\cdots$
y	$\cdots$	-4	-2	0	2	4	$\cdots$

増えたら／増える

x の値が増加すると，y の値も増加する。

関数 $y=2x^2$

x	$\cdots$	-2	-1	0	1	2	$\cdots$
y	$\cdots$	8	2	0	2	8	$\cdots$

増えたら／減ったり増えたり

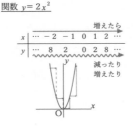

x の値が増加すると，
・$x\leqq0$ では，y の値は減少する。
・$x\geqq0$ では，y の値は増加する。
・$x=0$ のとき，y の値は 0 で最小。

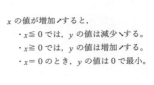

比例定数の範囲を負の数までひろげる　　　　　比例定数の範囲を負の数までひろげる

関数 $y=-x$

x	$\cdots$	-2	-1	0	1	2	$\cdots$
y	$\cdots$	2	1	0	-1	-2	$\cdots$

増えたら／減る

x の値が増加すると，y の値は減少する。

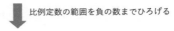

関数 $y=-x^2$

x	$\cdots$	-2	-1	0	1	2	$\cdots$
y	$\cdots$	-4	-1	0	-1	-4	$\cdots$

増えたら／増えたり減ったり

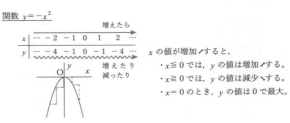

x の値が増加すると，
・$x\leqq0$ では，y の値は増加する。
・$x\geqq0$ では，y の値は減少する。
・$x=0$ のとき，y の値は 0 で最大。

思考の種10
学んだ形にする

【指導に生かしたい単元例】

・どうすれば解けるかに目を向ける（1年「方程式」）
・連立方程式から解き方を知っている一次方程式を導く（2年「連立方程式」）
・既に計算できる式にする（3年「多項式」）
・解き方を知っている二次方程式に変形して解を導く（3年「二次方程式」）

1．「学んだ形にする」とは

「学んだ形にする」とは，新しく学ぼうとすることを，既に学んだことに結びつけさせる指導です。既習事項の形式につくりかえさせる指導でもありますね。授業では「〜の形にできないかな」，「どんな形なら解くことができるだろう」などと子供に問いかけることが考えられます。ここでは，授業の中で子供に学んだ形にする経験をさせることの意味を考えてみましょう。

2．基になる図形をつくる

学んだ形にすることは，「図形」領域の指導で問題を解決するための見通しを立てるのに役立つ考え方です。ここでは「学んだ形」として既習の図形の性質を捉え直します。第2学年で指導する多角形の内角の和については，結果はもちろん重要ですが，多角形を三角形に分割してその結果が見いだせることを子供が理解できるようにすることも大切なねらいです。ここで子供に理解してもらいたいのは，多角形を既に内角の和について学んだ三角形に分割すれば，内角の和を求めることができるのではないかという考え方です。

第3学年で多角形の相似比と面積の比の関係を指導する際にも，これとよく似た考え方を使います。面積を求める公式を知っている三角形について，面積の比は相似比の2乗になることを指導し

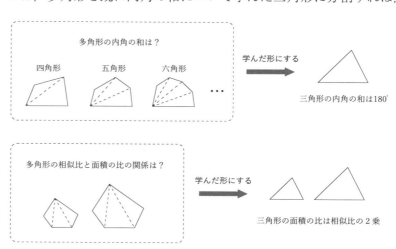

た後で，多角形の相似比と面積の比の関係を取り上げるのです。一般の多角形の面積を求めることは難しいですが，多角形を分割することで既に学んだ三角形にすれば，相似比と面積の比の関係を明らかにできるのではないかという解決の見通しを立てるわけです。

3．方程式を解くための見通しを立てる

2では「学んだ形」として図形を取り上げましたが，学んだ形にすることは「数と式」領域の指導でも，問題を解決するための見通しを立てるのに役立つ考え方です。第2学年で指導する連立方程式については，その解法として代入法と加減法を指導します。また第3学年で指導する二次方程式の解法については，平方根の考えを用いる方法と因数分解を用いる方法を指導しますね。それぞれ特徴のある解法で，指導しない教師はいないでしょうが，学んだ形にするという考え方で統合的にみることもできます。加減法と代入法は，連立方程式の文字の数を2つから1つに減らすことで，既習の一次方程式の形にする解法です。平方根の考えを用いる方法と因数分解を用いる方法は，二次方程式の文字の次数を2次から1次に小さくすることで，既習の一次方程式の形にする解法なのです。つまり，どの解法も解こうとする方程式を一次方程式に帰着することで解を導こうとしているわけです。

もちろん，こうした考え方を子供から引き出そうとしているわけではありません。大切にしたいのは，教師が方程式を解くための見通しを立てる指導をするときに，学んだ形にすることのよさを子供が経験できるようにすることです。例えば，教師が「連立方程式を解くにはどうすればよいだろう」，「一次方程式なら解くことができるね」，「連立方程式を一次方程式の形にすることはできないかな」，「連立方程式は文字が2つあるから，1つに減らせれば一次方程式の形にできるね」のように問いかけ，子供とやりとりしながら，解法の方針を立てるのです。

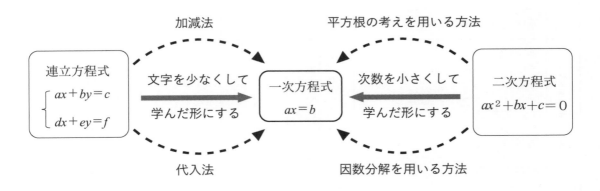

思考の種の指導単元一覧

学年・単元 \ 思考の種	同じようにする	改善する	きまりを見つける	逆をつくる	比べる	さかのぼる	条件をかえる	整理する	ひろげる	学んだ形にする
第1学年 正・負の数	○	○	○		○		○	○	○	
文字の式	○			○			○			
方程式		○			○		○			○
比例と反比例	○		○	○	○			○	○	
平面図形	○	○	○	○						
空間図形				○				○		
データの活用		○			○			○		
第2学年 式の計算	○				○		○			
連立方程式	○						○			○
一次関数			○	○	○				○	
図形の調べ方	○	○		○		○	○			
図形の性質と証明	○		○	○		○	○			
確率とデータの分布		○			○		○	○		
第3学年 多項式	○			○	○			○		○
平方根	○			○	○					
二次方程式		○			○		○			○
関数 $y=ax^2$			○		○					
図形と相似		○	○			○	○			
円	○			○	○					
三平方の定理	○	○	○	○						
標本調査					○		○	○		

第3部

思考力，判断力，表現力等を育む数学的活動の授業デザイン

思考の種を蒔く指導に取り組もう

🌱【この単元で生かしたい主な思考の種】

・ `整理する` 身の回りにある数の中から学んだことのない数を見つける
・ `同じようにする` 小学校で学んだ計算を基にして計算の根拠を明らかにする
・ `条件をかえる` 「これも計算できるかな」で考察の対象をひろげる
・ `比べる` 計算の進め方を比較してその工夫に着目する
・ `改善する` つまずきやすい計算のポイントを捉える

> 「正・負の数」は，教科名が算数から数学に変わって最初に学ぶ単元です。小学校の算数の授業で学んだこととの接続を大切にしながら，子供が新しい数について考えを深められるような経験を大切にして指導したいところです。

小単元1　正・負の数の性質（5時間）

1. `整理する`（→`ひろげる`）身の回りにある数の中から学んだことのない数を見つける

　小単元1では，新しい数として負の数を指導します。そのために，小学校の算数の授業で学んだ整数（0と正の整数）や小数，分数について子供に振り返らせることから始め，新たな数の存在に焦点を当てていきます。この際に大切にしたいのが，身の回りにある数を整理することで，これから学ぶ内容を明確にする(1)～(3)のような端緒の視点からの指導です。

(1) 身の回りから数を見つけさせる。…「身の回りにはどんな数があるかな」

(2) 次の3つの視点から整理させる。…「見つけた数を次の3点で整理しよう」
　・どのような数があるか。
　・どのような場面で用いられているか。
　・なぜその数が用いられているのか。

(3) まだ学んでいない数を見つけさせ，これからの学習の対象を明らかにする。
　　　　　　　　　　　　　　　…「このうち，まだ学んでいない数はどれかな」

　(1)で「身の回りにある数」と言われても見つけられない子供がいるかもしれません。そんな場合は新聞を用いることも考えられます。天気予報欄の気温の表記に負の数が用いられてい

ることを利用するのです。そして(2)では，例えば次のように表に整理することで負の数の存在を明らかにします。

どんな数？	どんなときに使う？	なぜ使う？
整　数	個数，人数，値段	はしたのない（きりのよい）数を表すとき
小　数	道のり，重さ	はしたのある数を表すとき
分　数	薬の服用量，料理のカップ数	
負の数	0度より低い温度	0より小さい数を表すとき

　そして，負の数を見つけることができたら，考察の範囲をひろげて「表す」，「比べる」，「計算する」，「生かす」の5つの活動を子供が経験できるように指導を展開するのです。

　整理することは，子供がまだ考えたことがないこと（まだ知らないこと）を明らかにし，これからの学習の目標を捉える際に役に立つ思考の種です。そのために，何をどのような視点から整理するのかを明確にして，「これまでに学んだことと，まだ学んでいないことをはっきりさせよう」と投げかけるとよいでしょう。

小単元2　正・負の数の計算（17時間）

　この小単元では，子供の計算技能の習熟が指導の大きな目標になります。そのため，授業が教師の一方的な説明と計算練習の繰り返しという展開になっていないでしょうか。知識及び技能の指導の過程でも，思考の種を蒔くことは大切です。ここでは4つのポイントを押さえて授業づくりに取り組んでみましょう。

1．（ きまりを見つける → ） 同じようにする 小学校で学んだ計算を基にして計算の根拠を明らかにする

　正・負の数の四則計算の指導では，計算する数の符号と絶対値に着目して計算できるようにすることが目標ですが，最初からそれを覚えさせるような教師はいないでしょう。「なぜそのように計算するのか」を子供が理解できるようにすることで，符号と絶対値の関係を忘れてしまっても，そこに立ち戻って計算できるようにしたいものです。また，知識及び技能を身に付ける過程でも，根拠を明らかにして筋道立てて考えることの大切さを子供が意識できるようにしたいのです。

（1）加法の指導で

　正・負の数の加法の指導は，小学校で学んだたし算に立ち返って，例えば次の①～③のような展開の授業になるでしょうか。

①２＋５の計算は,「２より５大きい数」を求めることだったことを確認する。

…「２＋５を数文和訳してみよう」

②「２より５大きい数」は数直線を使って考えるとわかりやすかったことも併せて確認する。

…「このことを図に表すことができるかな」

③同じようにして,（－２）＋（＋５）を計算することができないかを問う。

…「同じようにして,（－２）＋（＋５）を計算することはできないかな」

　ここで同じようにすることは,２つの意味で重要です。１つは,もちろん正・負の数の加法の根拠を明らかにすることです。小学校の算数以来,慣れ親しんできたのと同じ考え方で計算することができるようになります。もう１つは,同じようにすることで小学校における加法の計算のルールをかえずに,新たな加法の計算を可能にしているということです。正・負の数の加法の計算を可能にするために,これまでの計算をすべて一旦リセットしてゼロから考え直すのではなく,小学校で学んだ加法の計算はそのまま保持し,正・負の数まで加法の計算を拡張しているわけですね。この単元では,多くの教師が「数の範囲を拡張する」ことを指導していますが,小学校と同じようにすることで「計算の仕方も拡張する」ことをしっかり指導したいものです。

(2) 乗法の指導で
　正・負の数の加法の指導で経験させたい同じようにすることは,乗法の指導でも大切な役割を果たします。

①（負の数)×(正の数)の計算
　（負の数)×(正の数)の計算の指導では,小学校における(正の数)×(正の数)の計算を振り返りながら,子供に次のように問いかけてみたらどうでしょう。

・３×４の計算は,３＋３＋３＋３と同じである。

…「３×４を加法の式で表すことはできないかな」

・同じようにして,（－２）×（＋５）を計算できないかを問う。

…「同じようにして,（－２）×（＋５）を計算することはできないかな」

ここでも，既習事項（小学校で学習したかけ算を累加と捉えること）と同じようにすることで計算の根拠を明らかにします。数の計算に限らず，私たちが何か新しいことに取り組もうとするとき，「以前に同じようなことはなかったか」，「それと同じようにできないか」と考えるのは至極当たり前に思えますが，子供にとっては必ずしもそうではないようです。どのように計算すればよいかを考える経験を通して，困ったときは同じようにできることが過去になかったか考えてみる姿勢を子供が身に付けられるようにしたいのです。

②（正の数）×（負の数）の計算
　（負の数）×（正の数）の計算について指導したら，次は（正の数）×（負の数）の計算です。ここでも教師が同じようにすることを生かして，子供の考えるきっかけをつくります。さらに，ここでは次のように，きまりを見つけることと組み合わせて指導すると一層効果的です。

- ・①と同様に（正の数）×（正の数）の計算を振り返りながら，かける数を＋3，＋2，＋1，0と1ずつ小さくしていく。
- ・積がどのように変わるかを調べさせてきまりを見つけさせる。
- ・そのきまりと同じようにすると，引き続きかける数を−1，−2，−3と1ずつ小さくしたときの積がどうなるか考えさせる。

$$
\begin{aligned}
(+3)\times(+3) &= +9 \\
(+3)\times(+2) &= +6 \\
(+3)\times(+1) &= +3 \\
(+3)\times\ \ 0\ \ &= 0 \\
(+3)\times(-1) &= \bigcirc \\
(+3)\times(-2) &= \bigcirc \\
(+3)\times(-3) &= \bigcirc
\end{aligned}
\qquad
\begin{aligned}
&-3 \\
&-3 \\
&-3
\end{aligned}
$$

　もちろん，こうしたことを子供が自ら見いだすことは難しいでしょう。ここでは，それを子供に求めているわけではありません。教師が教えることにしっかり関わって，きまりを見つけてそれと同じようにすることで子供が計算の根拠を考えられるように思考の種を蒔く指導をするのです。

③（負の数）×（負の数）の計算
　きまりを見つけて同じようにすることは，（負の数）×（負の数）の計算についての指導でも重要な役割を果たします。もう理解できたと思いますが，指導の流れを確認しておきましょう。

- ・①で導いた（負の数）×（正の数）の計算を使って，かける数を＋3，＋2，＋1，0と1ずつ小さくしていく。
- ・積がどのように変わるかを調べさせてきまりを見つけさせる。

$$
\begin{aligned}
(-3)\times(+3) &= -9 \\
(-3)\times(+2) &= -6 \\
(-3)\times(+1) &= -3 \\
(-3)\times\ \ 0\ \ &= 0 \\
(-3)\times(-1) &= \bigcirc \\
(-3)\times(-2) &= \bigcirc \\
(-3)\times(-3) &= \bigcirc
\end{aligned}
\qquad
\begin{aligned}
&+3 \\
&+3 \\
&+3
\end{aligned}
$$

・そのきまりと同じようにすると，引き続きかける数を－1，－2，－3と1ずつ小さくしたときの積がどうなるか考えさせる。

　ここでも②と同じように，教師が教えることにしっかり関わって指導してもよいでしょう。でもその前に，「(負の数)×(負の数)は，どのように考えて計算すればよいかな」と子供に問いかけたらどうでしょう。これまでの経験から「きまりを見つけて，それと同じようにすれば計算できるのではないか」と気がつく子供が出てくるのではないでしょうか。このように，経験を繰り返すことでそのように考えることのよさを伝え，子供の「なるほど」を生み出し，「自分もやってみよう」に火をつけたいのです。

2.　条件をかえる 「これも計算できるかな」で考察の対象をひろげる

　はじめにも書いた通り，この小単元では子供の計算技能の習熟が指導の大きな目標になります。とは言うものの，次々与えられる式を繰り返し計算していくだけでは子供のやらされ感が高まるばかりではないでしょうか。そこで，教師が一方的に計算問題を提示するのではなく，計算する式の条件をかえることで，新たな計算問題を設定してはどうでしょう。例えば，加法の計算では，次の(1)，(2)のような端緒の視点からの指導や振り返りの視点からの指導が考えられます。

(1)　2数の加法について指導する。…「2数の加法の計算ができるようになったね」

(2)　計算式の「2数」という条件を「3数」にかえる。
　　　　　　　　　　　　　…「2数を3数にかえても，加法の計算ができるかな」

　これによって，2数の加法について学んだ後に3数の加法について考えることの必然性が生まれてきます。計算式の「2数」という条件を「3数」にかえることは，子供にとってもわかりやすい発展的な考察でしょう。また，「より難易度の高い計算に挑戦してみよう」というストーリーをつくって子供を誘うことで，やらされ感を軽減することにもつながります。この際，「これまでに学んだことを使えば，条件をかえた計算もできるのではないか」という気持ちを引き出して，子供に意欲をもたせたいですね。

　もうおわかりだと思いますが，端緒の視点からの指導や，振り返りの視点からの指導で条件をかえて問題を設定し授業に流れを生み出すことは，加法に限ったことではありません。加法に続いて指導する減法についても全く同様に展開できます。さらに，
・「3数」を「4数」，「5数」，…とかえる。
・計算する数を「整数」から「分数」や「小数」にかえる。
・「3数の加法の計算」を「3数の加法と減法の混じった計算」にかえる。

などのように条件をかえることも可能です。また，これに続く乗法や除法についても，端緒の視点からの指導や，振り返りの視点からの指導で同じような展開ができることは言うまでもないでしょう。学習指導要領では，子供が数学の事象から問題を見いだし発展的に考察することが重視されています。与えられた問題を解き続ける受け身の姿勢から，自ら問題を見いだそうとする姿勢への転換は，これからの社会を生きていく子供にとって欠かせないものです。正・負の数の計算技能に関わる指導の過程でも，条件をかえることでその大切さを子供に経験させたいですね。

　ところで，これだけ繰り返し条件をかえることを通して指導したら，あなたの教室でも自ら問題を見いだせる子供が出てくるのではないでしょうか。例えば，加法と減法について子供に上述したような条件をかえて問題を生み出す経験をさせた後で，２数の乗法の計算について指導して「さぁ，次は何を考えようか」と問いかけたら，子供からどんな答えが返ってくるでしょうか。

3. 比べる（→ ひろげる）計算の進め方を比較してその工夫に着目する

　この小単元では，子供が正・負の数の四則計算を間違いなく簡潔に実行できるように，計算を工夫することについても指導します。そのために大切になるのが計算法則の指導です。小学校では，第４学年までに整数の計算について交換法則，結合法則，分配法則を指導し，第５，６学年で小数や分数の計算でもそれらが成り立つことを指導しています。中学校ではこれらの法則を正・負の数までひろげるわけですが，この部分の授業を見せてもらうと計算法則が成り立つことを前提に指導が進められている場合が少なくありません。前述したように，この単元の指導で大切にしたいのは，数の範囲が拡張されると共に計算のルールも拡張されていることを子供が実感できるようにすることです。

　そこで，共有の視点からの指導で，計算法則を用いる場合と用いない場合を子供に比べさせる次のような場面を設定することを考えてみましょう。

(1) 具体的な式を取り上げ，計算法則を用いた場合と用いない場合の計算の過程と計算結果を並べて提示する。…「同じ式なのに，異なる計算をしている人がいたよ」

(2) ２つの計算を比べて，気付いたことを発表させる。
　　　　　　　　　　　　　…「２つの計算を比べるとどんなことがわかるかな」

(3) 小学校で学んだ計算法則は，正・負の数の計算までひろげても適用できることを確認する。

(1)で，計算法則を用いて計算する子供が出てこない場合は，「先生の計算とは違うな」など

と呟きながら教師の考えとして示してもよいでしょう。(2)では，計算の結果が同じことから
どちらも正しい計算であることを確認して，2つの計算の相違点に着目させます。例えば，加
法の交換法則の指導で，7−15＋23を取り上げた場合を考えてみましょう。

　右の2人の計算を見てください。

Aさんはこれまで通り，左から順に
計算しています。これに対してBさ
んは2つの項−15と＋23の順番を入
れ換えた後で左から計算しています。
Bさんがこのような操作をしたのは，
区切りのいい数をつくることができ

〈Aさんの計算〉
　7−15＋23
＝−8＋23
＝15

〈Bさんの計算〉
　7−15＋23
＝7＋23−15
＝30−15
＝15

ると気がついたからです。これによって計算がしやすくなり，誤りを回避することができます。
よいアイデアですが，だからと言って3数以上の加法の計算ではいつでも交換法則を使えばよ
いというわけではありませんね。必ず区切りのよい数がつくれるという保証はないからです。
また，仮に区切りのよい数がつくれても，上述した2人の計算を比較すればわかる通りBさん
の計算はAさんの計算より1行多い，つまり計算のステップが増えてしまっています。ある程
度計算に自信のある子供なら「これまで通り，Aさんの方法で計算しよう」と考えるかもしれ
ません。最終的にどちらの計算をするかは，それぞれの計算について理解した上での子供の判
断によります。比べて考えることの目的は，どちらが優れているかを決めることだけではあり
ません。複数の対象の共通点や相違点を見いだしてその特徴を見極めることも比べて考えるこ
とで可能になるのです。そして，同じ結果が導かれるという共通点を確認して，(3)で加法の
計算法則を正・負の数までひろげて使ってよいことを指導します。

　ここでは加法の交換法則を例に，比べてひろげることの指導を考えましたが，この後の指導
も見渡してみましょう。加法の結合法則，乗法の交換法則と結合法則，そして分配法則と，共
有の視点からの指導で同じように思考の種を蒔く指導が可能ですね。こうした経験を通して，
計算の過程を比べることでその工夫を明らかにし，計算法則の適用範囲をひろげることのよさ
を子供に感じてもらいたいのです。

4. 改善する　つまずきやすい計算のポイントを捉える

　正・負の数の四則計算の指導では，計算技能の習熟も大切ですが，計算の意味の理解も重要
です。「このように計算してはいけない」ということを子供が理解できれば，計算のつまずき
防止につながります。教師が子供のつまずきやすいポイントを把握しておき，あえて誤答を示
してその改善に取り組ませることで，計算の意味の理解を深める指導です。ここで大切になる
のが，子供がつまずきやすい典型的な誤答を提示すること。そのためのヒントになるのが，学
力調査で得られたビッグデータなのです。過去の調査から，同じ誤りをする子供の多いことが

わかっている問題をピックアップして，その典型的な誤答を題材にするわけです。ここでは，子供が典型的な誤答に陥りやすい計算を問題とし，解決の視点からの指導でそれを改善させる次の(1)～(4)のような場面を設定することを考えてみましょう。

(1) 子供が計算に取り組む前に，教師が典型的な誤答を提示する。

…「こういうふうに計算すればいいよね」

(2) 教師が示した計算過程と計算結果について，気付いたことを発表させる。

…「先生の計算を採点してください」

(3) 各自で教師の提示した誤答を改善させ，正しい計算に改めさせる。

…「ノートに正しい計算を書いてみよう」

(4) なぜこうした誤った計算になったのかを考えさせる。

…「どうしてこんな間違えをしてしまったのかな」

　例えば，この小単元では，$-a^2 = (-a) \times (-a)$と考える子供の多いことが知られています。学力調査では同一問題も利用して繰り返し調査対象にしていますが，この典型的な誤答の多い傾向に大きな変化は見られません。そこで，$2 \times (-3^2)$を計算することを問題とし，(1)では右のような典型的な誤答を示し，(2)では，子供にこの計算を採点させる設定にして，自由にコメントさせます。計算の結果や途中の計算についていろいろな意見が出てくるでしょうが，ここでは特に教師がまとめたりせずに自由に発言させるとよいでしょう。これを受けて，(3)では子供に教師の計算の過程と結果を改善させます。

$$2 \times (-3^2)$$
$$= 2 \times 9$$
$$= 18$$

教師の計算を印刷したプリントを準備しておいて，子供に赤を入れさせるというのもよいでしょう。そして(4)で，誤りの原因を子供に考えさせることで，典型的な誤答を他人事から自分事に切り替えて捉えられるようにします。この例の場合，「$-a^2 = (-a) \times (-a)$と考える誤り」と言ってしまえばそれまでですが，その背景には，「指数が影響を及ぼす範囲についての誤解」が潜んでいます。$-a^2$の「2」は「a」までしか影響せず，「$-$」は範囲外ですね。つまり，「指数は，その数が肩に乗っている数字にしか機能しない」ということです。だから，符号まで含めて機能させたいときは，$(-a)^2$とかっこを付ける必要があります。このような誤答を改善する活動を適切な場面に設定して他者の意見や発想を批判的に考察する機会を設けることで，子供が自らの理解を深められるようにしたいのです。

🌱【この単元で生かしたい主な思考の種】

・ `逆をつくる` 文字式を双方向に操作したり翻訳したりする

・ `同じようにする` 数の計算などを基にして文字式の計算の根拠を明らかにする

・ `条件をかえる` 「これも計算できるかな」で考察の対象をひろげる

> この単元も前単元の「正・負の数」と同様に，子供の計算技能を高めることが大きな目標の１つになります。数学を学ぶ上で基盤となる内容ですから，子供がしっかり習得できるようにする必要がありますが，その過程で思考の種を蒔く指導も忘れないようにしたいのです。

小単元1　文字を使った式（7時間）

1. `逆をつくる` 文字式を双方向に操作したり翻訳したりする

（1）文字式を双方向に操作する

　小単元1では，文字式の表し方を子供が理解できるようにします。例えば積については，乗法の記号「×」を省いて書くことや文字と数の積では数を文字の前に書くこと，同じ文字の積は指数を使って書くことなどを指導しますね。その際に大切にしたいのが，逆をつくることで子供が文字式を双方向に操作できるようにする次の①，②のような端緒の視点からの指導です。

　①上述した積についての文字式の表し方に従って式を表させる。

　　　　　　　　…「文字式の表し方を使って，次の式を書きかえてみよう」

　②文字式の表し方に従って書かれた式から，乗法の記号「×」を使った式を逆につくらせる。

　　　　　　　　…「逆に，次の式を記号『×』を使って表せるかな」

　ここで「逆をつくる」とは，命題の仮定と結論を入れ換えて逆をつくることとは異なります。これまでとは考える順番を入れ換えて，発展的に考察させる指導です。これによって新たに考えるべき問題を子供が自ら生み出し，文字式の表し方を使う場合と使わない場合の双方向に式操作ができるようにしたいのです。また，あなたの担当する学級にもなかなか ab と $a+b$ の区別がつかない子供がいませんか。ここでは，逆をつくって考えることで，子供の文字式の表

し方についての理解を深めることも目的です。

　そして，次の授業では文字式で商を表すことについて取り上げますが，ここでも積の場合と同じように逆をつくることから式を双方向に操作する指導ができることは言うまでもないでしょう。

　さらに，小単元２で文字式の和や差について指導する際にも，逆を考えさせることで子供の文字式の計算についての理解を深めることができます。例えば，

$$(3a+4)+(2a-7)=5a-3$$

であることを指導した後に，「２つの一次式をたすと $5a-3$ になることがわかったけれど，逆に，たして $5a-3$ になる２つの一次式を見つけられるかな」と子供に問いかけてみるのです。もちろん，$3a+4$ と $2a-7$ 以外の組み合わせを見つけさせるわけで答えは無数に存在します。様々な組み合わせを考えることで，子供が項をまとめることの理解を深められるようにしたいのです。「$5a$ と -3」と答える子供が出てくれば，一次式の定義を確認するよい機会にもなりますね。

　逆をつくって文字式の計算について考えることにはまだ先があります。この単元では，２つの文字式の和や差を１つの文字式で表すことの逆として，１つの文字式を２つの文字式の和や差で表すことを指導しますが，「和や差」という条件を「積」にかえると第３学年で指導する文字式の展開と因数分解につながっていくのです。３年生になったときには，子供から「逆をつくって考えてみたら」という声が上がるように指導したいですね。

(2) 日本語と数学の言葉の間で翻訳する

　「逆をつくる」ことは，(1)以外にも思考の種として重要な役割を果たします。この小単元では，子供が具体的な数量を文字式を用いて表したり，その意味を読み取ったりできるように指導します。ここで「表すこと」と「読み取ること」が逆の関係になっていることを生かせば，次の①，②のような端緒の視点からの指導や振り返りの視点からの指導ができますね。

　①具体的な場面で，ある数量を示して文字式で表させる。…「～を文字式で表せるかな」

　②①の順番を逆にして，文字式を示して具体的な場面で解釈させる。
　　　　　　　　…「逆に，この文字式がどんな数量を表しているかわかるかな」

例えば，あるテーマパークの入園料が大人 a 円，子供 b 円であるとき，①では「大人２人と子供３人の入園料の合計」を文字式で表させ，②では同じ場面で「$a+2b$」がどのような数量を表すかを考えさせるのです。私は，①のように具体的な数量を文字式を用いて表すことを「和文数訳」，②のように文字式を具体的な場面に即して解釈することを「数文和訳」と呼んでいます。日本語と数学の言葉である式の間で双方向に翻訳するというイメージです。ここでは，この双方向に翻訳することが逆をつくることになります。

　こうした意味での逆をつくることは，この単元で関係を表す式について指導する際にも生かすことができます。例えば，あるテーマパークの入園料が大人 a 円，子供 b 円であるとき，「大人３人と子供４人の入園料の合計は6800円である」ことを等式を使って表させます。そして，「それでは，逆もできるかな」と子供に問いかけ，同じ場面で不等式「$a+3b<4000$」がどのような数量の関係を表しているかを考えさせるわけです。

　このように和文数訳と数文和訳で逆をつくって考えることが，今後の数学の学習で日常生活や社会の事象を数学のテーブルに乗せたり，数学のテーブルの上で導いた結果を事象に即して解釈したりする際に欠かせないことは明らかでしょう。同じ「数と式」領域の内容である方程式を活用することの指導にもつながっているわけです。

小単元２　文字式の計算（８時間）

1. ［同じようにする］数の計算などを基にして文字式の計算の根拠を明らかにする

　前の小単元で指導した文字式の表し方を受けて，この小単元ではさらに簡潔な式表現ができるように文字式の計算について指導します。その際に大切にしたいのが，数の計算などと同じようにして計算の根拠を明らかにする解決の視点からの指導です。一次式の加法については，例えば $2x+3x$ を取り上げる場合，次の(1)〜(3)のような展開の授業が考えられます。

　(1) 式の意味を文字を単位にして考えさせる。…「$2x+3x=(x+x)+(x+x+x)$ だね」

　(2) 小学校で学んだ数の計算が，１を単位にして計算していたことを確認する。
　　　…「小学校では，$2+3=(1+1)+(1+1+1)=5$ であることを学んだね」

　(3) 数の場合と同じようにして文字式の計算ができないか考えさせる。
　　　…「$2+3$ と同じようにして，$2x+3x$ を計算できないかな」

　何でもないことのようですが，文字式の計算がわからなくなったら数の計算に置き換えて，同じようにできないか考えてみるという発想を子供に身に付けさせたい場面です。

ところで，文字式の計算で同じようにするという発想を生かしたい場面は，ここだけではありません。例えば，先に取り上げた一次式の加法の計算では，次のステップとして係数の関係に注目し，$2x + 3x = (2 + 3)x = 5x$ のように計算することを指導しますね。これは，「より手際よく計算するにはどうすればよいか」という発想に基づいているわけですが，これって前単元で正・負の数の加法の計算を符号と絶対値でできるようにしたのと同じように考えているのではないでしょうか。前ページの(1)〜(3)のように授業を進めた後，端緒の視点からの指導として「でもこれだと計算が大変だな」，「もっと簡単に計算する方法はないかな」，「正・負の数の計算はどうしたんだっけ」，「そうか，符号と絶対値だけで計算できるようにしたのか」，「文字式の加法の計算も同じようにできないかな」と授業を展開させたらどうでしょう。もちろん同じようにするといっても，ここでは符号と絶対値ではなく，各項の係数に着目する必要があります。同じようにするものは様々です。ここでは何に着目すればよいのかではなく，もっと簡単に計算できるようにしたいという目的ですね。よく「既習事項を生かす」と言いますが，既習事項には導いた結論だけでなく，その結論を導くために用いた発想やアイデアも含まれることに気付かせ，子供が後の学習で生かせるようにしたいのです。

2. 条件をかえる 「これも計算できるかな」で考察の対象をひろげる

これについては，前単元と基本的に同じ発想です。正・負の数については，計算を加法から減法，乗法，除法に，計算の対象となる数を整数から小数，分数にと条件をかえながら，「これも計算できるかな」と対象となる式をひろげて考えさせる指導をすることが大切なのでしたね。なぜそのようなことを考えるのかを子供が理解できるようにすることは，主体的な学びの第一歩です。

この小単元では，例えば単項式の加法の指導が一通り終わった段階で，「文字式でも加法ができることがわかったね」，「加法を減法にかえても計算できるかな」，「文字式を文字の項だけから数の項もある一次式にかえたらどうなるかな」と子供に問いかけてみるのです。

ただ，このように条件をかえて自由に考えさせると，$2x - 3x$ はもちろんですが，$2x \times 3x$ や $2x \div 3x$，さらには $(2x + 1) \times (3x - 4)$ や $(2x + 1) \div (3x - 4)$ なども子供が自然に見つけてしまいます。そのほとんどは，この単元の指導範囲外ですね。こうしたことを嫌って，子供に条件をかえて考えさせたがらない教師もいますが，もったいない話です。ここでは「すごいね，〇〇さんの見つけた式の計算は，3年生で学習するんだよ」，「1年生でそこまで見つけてしまったんだね」，「しばらく頭の片隅にしまっておいてね」とフォローして，子供の学習に対する興味や関心を高め，条件をかえて発展的に考え問題を見いだすことの大切さを意識できるようにしたいところです。

🌱【この単元で生かしたい主な思考の種】

・ 改善する 移項を等式の性質と結びつける

・ 条件をかえる 「この方程式も解けるかな」で考察の対象をひろげる

・ 学んだ形にする どうすれば解けるかに目を向ける

> 　この単元は，指導時間数の半分程度を「方程式の活用」の小単元に費やします。思考力，判断力，表現力等を養うべき活用の場面がそれだけ多いということでしょう。この本ではそこはスルーして，主に知識及び技能に関する内容と結びつけて思考の種を蒔く指導を考えます。

小単元1　方程式（7時間）

1. （ 比べる → ） 改善する 移項を等式の性質と結びつける

　移項は学習指導要領で〔用語・記号〕として示されていますが，そのアイデアを子供から引き出すことはなかなか困難でしょう。かといって「移項して解くとはこういうことだよ」と教師が一方的に説明してしまうと，子供のやらされ感が高まりそうですね。また「方程式の解き方には等式の性質を使う方法と，移項を使う方法の2通りがある」といった誤解にもつながりかねません。そこで，前時の授業で指導した等式の性質を用いて方程式を解くことを復習する際に，次の(1)～(3)のような解決の視点からの指導をしてみたらどうでしょう。

　(1) 等式の性質を用いて方程式を解かせる。

　　　　　　　　　　　…「次の方程式を等式の性質を使って解いてみよう」

　(2) 同じ方程式を移項を使って解く方法を示す。…「こうやって解くこともできそうだね」

　(3) (1)と(2)の解き方を比較させ，移項ができる理由を明らかにする。

　　　　　　　　　　　　　…「先生の解き方でも解けるのはなぜかな」

　(1)では各自で等式の性質を使って方程式を解かせ，その式変形の過程も含めて発表させて全体で確認します。式変形の過程では，どこでどの等式の性質を用いたのかも明らかにしてお

きます。これを受けて(2)では,「実は先生,新しい解き方を見つけたんだよ」などと説明して移項を使った解き方を式変形の過程も含めて示します。この際,例えば「左辺の－15を右辺に移動して＋15にするよ」のように項を動かす操作を強調して伝え,先生の新解法をアピールします。方程式 $4x-15=9$ を例にすると,次のような板書になるでしょうか。

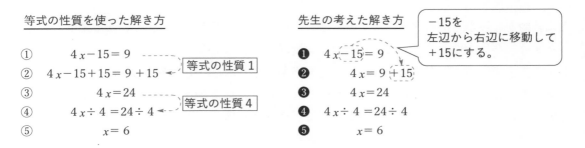

等式の性質を使った解き方

① $\quad 4x-15=9$ ------ 等式の性質1
② $\quad 4x-15+15=9+15$ ←
③ $\quad 4x=24$ ------ 等式の性質4
④ $\quad 4x\div4=24\div4$ ←
⑤ $\quad x=6$

先生の考えた解き方　　　　－15を
　　　　　　　　　　　　左辺から右辺に移動して
　　　　　　　　　　　　＋15にする。

❶ $\quad 4x-15=9$
❷ $\quad 4x=9+15$
❸ $\quad 4x=24$
❹ $\quad 4x\div4=24\div4$
❺ $\quad x=6$

(3)では,どちらの解き方でも正しい解を導くことができていることを確認して,「偶然うまくいっただけだろうか」,「いつでも使える解き方だと言っていいかな」,「なぜ項を移動してよいのだろう」などと問いかけ,2つの解き方をもう少し詳細に比較します。すると,相違点は①→②と❶→❷の部分だけで,③→④→⑤と❸→❹→❺は同じであることがわかりますね。そこで,①→②と❶→❷の式変形の過程がどのように違うのかを比べることで,❷では②の左辺の－15＋15が省略されていることから,❶→❷で－15が左辺から右辺に移動して＋15になったように見えることを明らかにするのです。そして,❶→❷の式変形は,①→②の等式の性質を使った解き方の一部をショートカットしているだけであることを導くわけです。

ここでは,移項を用いた「先生の考えた解き方」を説明不足の不十分な正答としました。これによって,「こんな解き方をしていいのかな」と批判的な思考が働きます。そこで,前時に指導した等式の性質を使った解き方と比べさせ,項を移動できる理由を考えさせたのです。そして,その理由を補うことで説明不足の改善を図りました。授業では❷の式に「左辺の－15＋15を省略したので,左辺の－15が右辺に移動して＋15になったように見える」と説明を付け加えて,移項のできる根拠が等式の性質であることを明らかにしてもよいでしょう。

なお,方程式を移項を使って解く方法を指導すると,「方程式は移項だけで解ける」と誤解する子供も出てきます。そこで,上の例で「等式の性質4も使ったけれど,これも移項になるかな」と子供に問いかけてみるのはどうでしょう。今度は,等式の性質1と等式の性質4を比べることで,方程式は移項だけで解けるわけではないことも理解できるのではないでしょうか。

これに続いて両辺に文字の項がある方程式を解く際にも,比べる活動を取り入れた指導ができますね。「文字の項も移項できるか」を子供に考えさせるときも,等式の性質を使った解き方と比べることでその理由を付け加えさせて改善を図るのです。

2. 条件をかえる 「この方程式も解けるかな」で考察の対象をひろげる

　これについては，「正・負の数」や「文字の式」の単元と基本的に同じ発想です。考察の対象となる方程式の条件をかえながら，「この方程式も解けるかな」と子供が疑問をもつように指導するのです。これによって子供が次に考えることを自分で見つける姿勢を身に付け，主体的に学習に取り組めるようにすることがねらいです。ここで注意したいのは，条件をかえることに教師がしっかり関わって指導すること。条件をかえて考えられるようになって欲しいと願うあまり「条件をかえてごらん」と子供に丸投げしても，子供はどうしてよいかわからないでしょう。まず，教師が意味のある条件がえを指導として示し，子供が「なるほど，こんなふうに条件をかえると，次々新しい方程式をつくれて面白いな」という経験ができるようにすることです。ここで「意味のある条件がえ」とは，徐々に子供にとっての難易度が上がっていくように条件をかえること。これによって，子供が新しいことに挑戦することへの興味・関心を高めるのです。そのために，教師が授業の準備の段階で，次のような表をつくって指導計画を立ててはどうでしょう。子供と一緒に条件をかえながら新しい方程式をつくり，解決していく順番を考えるのに役立つのではないでしょうか。

	文字の項だけ	定数項を含む	両辺に文字がある	かっこがある
整数	① $2x = -6$	② $2x + 8 = -6$	③ $2x + 8 = 3x - 6$	④ $2x + 8 = 3(x - 6)$
分数	⑤ $\dfrac{x}{2} = -6$	⑥ $\dfrac{x}{2} + 8 = -6$	⑦ $\dfrac{x}{2} + 8 = \dfrac{x}{3} - 6$	⑧ $\dfrac{x}{2} + 8 = \dfrac{1}{3}(x - 6)$
小数	⑨ $0.2x = -6$	⑩ $0.2x + 0.8 = -6$	⑪ $0.2x + 0.8 = 0.3x - 6$	⑫ $0.2x + 0.8 = 0.3(x - 6)$

　上の表の縦軸と横軸は，方程式の中で変更の対象になる条件です。表の中には子供に示す方程式の具体例を示しました。必ずしも例示したように係数や定数項を揃える必要はありませんが，条件をかえながら子供の考えをひろげることがわかりやすくなるようにしてみました。例えば，①の解法を指導し，その条件をかえて②を考えさせる場合は「方程式 $2x = -6$ は解けるようになったので，この方程式の条件をかえて新しい方程式をつくってみよう」，「左辺に数字だけの項を付け加えたらどうだろう」，「この方程式も解くことができるかな」のように子供に問いかけて，方程式 $2x + 8 = -6$ を示すのです。なお，このように条件をかえながら子供に発展的な考察をさせる授業の進め方が1通りではない点にも注意が必要です。①→②→③→…と展開できるのはもちろんですが，①→⑤→⑨→…と進めることもできますね。あなたならどのように条件をかえながら授業を進めるか考えてみてください。

3. 学んだ形にする どうすれば解けるかに目を向けさせる

　2のように条件をかえながら考えて新しい方程式を導いたら，次はそれを解くことの指導です。例えば，前ページの表の④のかっこがある方程式の場合，「まずかっこをはずして…」，「次にこの項を移項して…」，「後は等式の性質を使えば…」のように指導している教師が多いのではないでしょうか。でもよく考えてみてください。なぜかっこをはずすのでしょうか。移項する項はどのように決めているのでしょうか。子供には意味のわからない，教師に言われるがままの式変形になっていませんか。そこで考えてみたいのが，式変形の目的を明確にする次の(1)〜(3)のような解決の視点からの指導です。

　(1)　どうすれば方程式が解けるかを考えさせる。…「この方程式，どうすれば解けるかな」

　(2)　既に解けるようになった方程式の形に変形することに目を向けさせる。
　　　　　　　　　　…「〜と同じ形の方程式に変形できれば，解を導けるね」

　(3)　具体的な式操作の方法を検討させる。…「どうやったら同じ形の方程式にできるかな」

　(1)は漠然とした問いですが，ここまでに解いてきた方程式と同様，式を変形して解を導きたいという点までは子供も理解できるでしょう。そこで(2)では，これまでに学んだ方程式と同じ形にできれば解を導けるのではないかという思考の種を蒔く指導をするのです。前ページの表の④のかっこがある方程式の場合なら「①か②の形の方程式に変形できれば解けそう」と子供も気がつくでしょう。つまり，(1)では「どうすれば，$x = \bigcirc$の形に変形できるか」を問うていますが，これは子供にはちょっとゴールが遠すぎる。そこで(2)ではゴールの一歩手前である「どうすれば，$x = \bigcirc$の形に変形できる方程式にできるか」を問うことで，子供に解決の見通しをもたせようとしているわけです。このように学んだ形にすることは，子供が新たな問題解決に臨む際，既に学んだ事柄と結びつけることで見通しを立てるのに役立つのです。これを受けて，(3)では，この見通しに従って実際に式を変形して解決に取り組ませます。

　こうした学んだ形にする指導が，この単元で取り上げる多くの方程式の解法で繰り返し実践できることは明らかでしょう。ただ思い込みは禁物。前ページの表の⑦の方程式では，学んだ形として「分数を含まない形にしよう」と考えて③に持っていきたくなりますね。ところが実際の授業では⑤にしたがる子供がいて，自分の思い込みに気付かされたことがあります。扱いやすい「学んだ形」は人それぞれなんですね。

　なお，学んだ形にすることが，第2学年で指導する「連立方程式」や第3学年で指導する「二次方程式」の単元でも重要な働きをすることにお気付きでしょうか。いずれの解法も，この単元で学んだ一次方程式の形にするという共通の発想に基づいているのです。

第1学年
第4章「比例と反比例」

🌱【この単元で生かしたい主な思考の種】
・ 整理する 関数は比例と反比例だけではないことを明らかにする
・ ひろげる ２つの視点から比例と反比例の世界をひろげる
・ 比べる 比例と反比例のグラフの特徴を捉える
・ 逆をつくる 式とグラフを双方向に結びつける
・ 同じようにする 比例と同じように反比例について学ぶ

> 比例と反比例については小学校での指導を既習事項としながら，「正・負の数」の単元でひろげた数の世界で関数として捉え直すことを指導します。その過程では，後の学年で一次関数や関数 $y = ax^2$ を指導する際の基盤となる思考の種を蒔いておくことが大切です。

小単元１　関数（２時間）

1. 整理する 関数は比例と反比例だけではないことを明らかにする

　中学校数学科の「関数」領域の指導では，入口と出口が広く設定されていることを知っていますか。この単元は「関数」領域の入口で，比例と反比例の指導に入る前に関数について指導します。先ずは関数を広く見渡してから，比例と反比例にフォーカスするという順番ですね。こうした指導をするのは，子供が「関数＝比例」と誤って理解するのを避けるためです。かつて中学校数学科では第１学年で比例と反比例を指導してから第２学年で関数を指導していた時期があり，こうした誤解が多発したのです。そこで，ここでは具体的な事象からともなって変わる２つの数量を見いだし整理することで，関数をひろく捉えることができるようにする(1)〜(3)のような端緒の視点からの指導を考えてみましょう。

(1) 具体的な事象の中から，ある数量にともなって変わる数量を見つけさせる。
　　　　　　　…「〜が変わると，それにともなってどんな数量が変化するかな」

(2) 見つけた，ともなって変わる２つの数量が既習の比例か反比例かを判断させる。
　　　　　　　…「見つけた…は〜に比例するかな。それとも反比例するかな」

(3) 見つけた関数を「比例か反比例かまたはそれ以外か」を視点に整理させる。
　　　　　　　…「見つけた関数を仲間わけしてみよう」

（1）では，ある数量が変化するとき，それにともなって変わる数量を子供に自由に見つけさせます。例えば，1辺が1cmの正方形を下の図のようにピラミッド状に積み上げ，「段の数が増えるとき，それにともなって変わる数量を見つけよう」と投げかけてみるのです。

　教師は子供の気付いた，ともなって変わる数量をできるだけたくさん引き出すように努めます。そして，図を使ってその数量を確認しながら，段の数にともなって変わるかどうかを確かめて板書していきます。（2）では小学校で学んだ比例や反比例

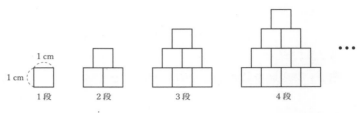

について復習し，板書したともなって変わる数量を取り上げて，例えば「ピラミッドの高さは段の数に比例するかな」，「それとも反比例するかな」のように問うのです。

　そして（3）では，子供が見つけた数量を「比例」，「反比例」，「比例でも反比例でもない」の3つの視点で分類させるのです。大事にしたいのは，事象の中から見いだした数量の関係を視点を決めて整理したことで，比例でも反比例でもない関係を見つけられたことです。

小単元2　比例（6時間）

1.　[ひろげる]　2つの視点から比例と反比例の世界をひろげる

　比例と反比例についての指導では，小学校で学んだことを「変域を負の数までひろげるとどうなるか」と「比例定数の範囲を負の数までひろげるとどうなるか」の2つの視点から子供に見直させます。なお，反比例は次の小単元の内容ですが，比例と一緒に考えることにしましょう。ここで「どうなるか」とは，子供が小学校で学んだ比例と反比例の性質がどうなるかですね。例えば比例については次の2つのことを指導しています。

　　ア　xの値が2倍，3倍，4倍，…になると，yの値も2倍，3倍，4倍，…になる。
　　イ　yの値を対応するxの値でわると比例定数になる。

　ここでは，アとイの比例の性質が変域や比例定数の範囲を負の数までひろげても，そのままひろげられる（＝成り立つ）かを明らかにするのです。もしひろげられないと，子供が小学校で学んだ比例と反比例を中学校で学ぶ比例と反比例にそのまま接続することができず，一旦リセットして新たに学び直すことが必要になってしまいます。そうした必要がないことを確認する，これからの学習の基盤となる内容です。そこで，アの変域を負の数までひろげることについては，次の（1）～（3）のような端緒の視点からの指導を大切にしたいのです。

(1) 小学校で学んだ比例の性質を確認する。

…「小学校では，比例についてどんなことを学んだかな」

(2) x の変域を負の数までひろげても，比例の性質が成り立つかどうかを問う。

…「この比例の関係で x に負の数を代入しても，2つの性質は成り立つかな」

(3) x の変域を負の数までひろげた対応表をつくらせて確かめさせる。

…「対応表をつくって，確かめてみよう」

(1)では，対応表をつくってアの性質を確認します。この際，対応表に矢印などで記入して，アは表を横に見て導いた性質（これに対して，イは表を縦に見て導いた性質ですね）であることを確認しておき，子供が(3)で活用できるようにします。これを受けて，(2)では(1)で取り上げた比例の関係をそのまま使い，x の変域を負の数までひろげた場合に目を向けさせます。対応表を左にひろげて記入することで，変域がひろがる様子を視覚的に捉えられるようにします。x に負の数を代入した結果を，対応表のどこに記入するかも子供に考えさせたいですね。

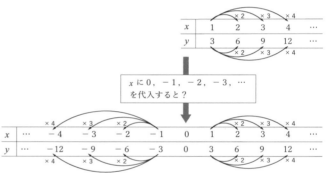

「正・負の数」の単元で，数直線をひろげた経験が生かせるか確かめるのです。そして，(3)では，変域を負の数までひろげても，アの性質が成り立つかどうかを各自で確かめさせます。

そして次は，このように子供がひろげて考えることを，前述した比例の性質イについても経験させます。さらに，こうした活動を次の小単元で反比例について指導する際にも取り入れ，小学校で学んだ反比例の性質が正・負の数の世界で成り立つかを同様に考えさせるわけです。

2. 比べる （→ きまりを見つける） 比例と反比例のグラフの特徴を捉える

比例と反比例のグラフについては，最終的には比例定数の符号と絶対値に着目してその特徴を明らかにします。でも，最初からそれを子供に与えるわけではありませんね。考察する対象の特徴を見つけるにはいろいろな方法が考えられますが，複数の対象がある場合，それらを相互に比べて共通点と相違点を見つけることが有効です。ここでは，「比例定数が正の数である比例のグラフには，どんな特徴があるだろう」を問題とし，次の(1)～(3)のような解決の視点からの指導をすることを考えてみましょう。

（1） 比例定数が正の数である比例のグラフを比べさせる。
　　　　　…「これまでにかいた比例のグラフを比べると，どんなことがわかるだろう」

（2） 共通点（変化しないこと）に目を向けさせる。
　　　　　…「どのグラフについても言えることはどんなことかな」

（3） 相違点（変化すること）に目を向けさせる。
　　　　　…「それぞれのグラフで違っているのはどんなことかな」

　（1）では子供から気付いたことを自由に発言させて教師が交通整理し，解決の見通しとしての視点（共通点と相違点）を定めるのが（2）と（3）の指導です。（2）では，どのグラフも原点を通る右上がりの直線であるというきまりがあることを見つけさせます。また（3）では，比例定数が大きいグラフの方が傾き具合が大きいというきまりがあることを明らかにするのです。
　これに続く比例定数が負の数である比例のグラフの特徴を捉えさせる指導でも，さらに次の小単元で反比例のグラフについての指導でも同じように指導することができます。こうした経験を通して，考察する対象の特徴を明らかにしたいときには対象を比べてきまりを見いだすことが有効であることを理解し，比べて考えることに主体的に取り組める子供を育てたいのです。

3. ▮逆をつくる▮ 式とグラフを双方向に結びつける

　「関数」領域の指導では，表，式，グラフを子供が相互に関連付けて理解できるようにすることが大切です。そのために，比例の関係を式からグラフに表すことについて指導したら，今度は式とグラフの順番を逆にして考えさせる端緒の視点からの指導をしてみるのはどうでしょう。比例のグラフを示して，式で表せないかを問うのです。これに続く解決の視点からの指導では，「解決の方法も逆に考えればよいのではないか」という発想を大切にしたいですね。

小単元3　反比例（5時間）

1. ▮同じようにする▮ 比例と同じように反比例について学ぶ

　反比例については比例と同じように思考の種を蒔く指導が可能です。「比例のときはどんなことを考えたかな」，「比例のときはどうやって解決しただろう」のように問いかけることで，子供から「比例について学んだときと同じようにできないかな」という発想を引き出すのです。同じようにすることで，子供が学び方自体を学ぶことができる小単元ということもできますね。

第5章「平面図形」

🌱【この単元で生かしたい主な思考の種】

- ・ 逆をつくる 　図形の定義や性質などを図と記号で表現する
- ・ 改善する 　「ずらす」，「まわす」，「裏返す」をより的確に表現する
- ・ 同じようにする 　ひし形の性質を根拠にして作図できないか考える
- ・ きまりを見つける 　おうぎ形の中心角と，弧の長さや面積の関係に着目する

> 「図形」領域の指導のねらいの1つは，子供が考察の対象を形，大きさ，位置関係という観点から捉え，論理的に考察し表現できるようにすることです。この単元はまさにその入口に当たることを意識して，思考の種を蒔く指導に取り組んでみましょう。

小単元1　直線図形と移動（6時間）

1. 逆をつくる 図形の定義や性質などを図と記号で表現する

　この小単元では図形の移動の指導に多くの時間を費やしますが，その前に今後の「図形」領域の学習で用いる用語や記号について指導します。子供がこれらを用いて図形の定義や性質などを数学的に表現できるようにするためですが，教師が一方的に説明する単調な授業になりがちですね。そこで，図形をかくこととその図形の定義や性質を記号などを用いて表すことが双方向に可能になるように，次のような端緒の視点からの指導を取り入れてみたらどうでしょう。

（1）与えられた図形について知っている性質を指摘させ，記号を使って表させる。

　　…「この図形について小学校でどんなことを学んだかな」，「それを記号で表せるかな」

（2）記号で表された条件に当てはまる図形をかかせる。

　　　　　　　　…「逆に，次の条件に当てはまる図形をかけるかな」

　（1）では，例えば次ページの図のようなひし形を示して，子供に「ひし形はどのような四角形か」，「ひし形についてどんなことを知っているか」などと問いかけます。ひし形については小学校でも学んでいますから，次のような意見を引き出すことができるのではないでしょうか。

- ・4辺の長さはすべて等しい
- ・向かい合う角の大きさはそれぞれ等しい

・向かい合う辺はそれぞれ平行である

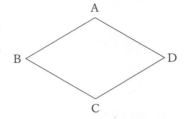

そして，「ＡＢ＝ＢＣ＝ＣＤ＝ＤＡ」などのように，これらを記号を使って表させるわけです。さらに，ひし形の対角線についても小学校で次のことを学んでいます。

・対角線は垂直に交わる

・対角線はそれぞれの中点で交わる

「ＡＣ⊥ＢＤ」や，図のひし形に対角線をかき込んでその交点をＯとすることで「ＡＯ＝ＣＯ」などのように，これらも記号を使って表すことができますね。さらに，ひし形が線対称な図形であることも小学校で学んでいますから次のこともわかります。

・対角線が対称の軸だから，ひし形を対角線で折るとぴったり重なる

つまり，ひし形の４つの内角は対角線で二等分されるわけで，「∠ＡＢＤ＝∠ＣＢＤ」などのように，これも記号を使って表すことができます。こうした活動を通して，「∠」，「∥」，「⊥」などの記号の使い方に慣れさせることがここでの指導の目的です。ですから，ここで取り上げる図形はひし形でなくても構いません。ただ小単元２で指導する基本の作図で，作図ができる根拠としてひし形の性質を用いるので，ここで復習しておくことには意味があります。

(2)の指導では，教師が記号を使って条件を示し，これを満たす図形を子供につくらせます。例えば，次の条件を満たす３つの△ＡＢＣをかかせてみるのはどうでしょう。

・ＡＢ＝３cm，ＢＣ＝５cm，∠ＡＢＣ＝50°

・ＢＣ＝５cm，∠ＡＢＣ＝50°，∠ＢＣＡ＝40°

・ＡＢ＝３cm，ＢＣ＝５cm，ＣＡ＝４cm

実際にかかせてみると意外に時間がかかりますから，分担して取り組ませてもよいでしょう。「どれも合同な三角形になるかな」と問いかけたら，子供はどう答えるでしょうか。

もうお気付きだと思いますが，ここで子供に経験させたいことは「比例と反比例」の単元で式とグラフを双方向に結びつけるために「逆もできるかな」と考えさせたのと基本的に同じです。数学的な表現が「式⇔グラフ」から「図⇔記号」にかわったわけですね。こうした変換が自由にできることは，今後の「図形」領域の学習に欠かせません。例えば，図形の性質を証明する際に，問題文に書かれている辺や角の関係を図で表現したり，図から見つけた線分や角の関係を記号で表したりすることは基盤となる技能ですね。図形の性質を捉え表現するために，逆をつくるという発想でこうしたかき換えが自在にできる子供を育てたいのです。

２．改善する 「ずらす」，「まわす」，「裏返す」をより的確に表現する

小学校では低学年から「ずらす」，「まわす」，「裏返す」などの操作を通して図形の性質について指導しています。この小単元ではこれを受けて，図形を「ずらす」，「まわす」，「裏返す」ことを，平行移動，回転移動，対称移動に高めていくわけです。そこで，「ずらす」ことから

平行移動を考えさせる際に，次のような解決の視点からの指導をしてみるのはどうでしょう。

（1）図形をずらしてぴったり重ねる方法を説明させる。

…「2つの図形をぴったり重ねるにはどうしたらよいだろう」

（2）図形をずらして動かす方法はいくつもあることを気付かせる。

…「こうやってずらして動かせばいいかな」

（3）ずらして動かす方法を的確に伝えるにはどうすればよいか考えさせる。

…「どうすれば，ずらしてぴったり重ねる動かし方を説明できるかな」

ここでは，右のような正方形に対角線と向かい合った辺の中点を結ぶ線分を引いた図を使うことを考えてみましょう。この図を示して，（1）では「三角形アを三角形にエにぴったり重ねるにはどうしたらよいか」と問いかけ，次のことを子供から引き出します。

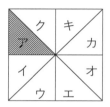

「三角形アをずらして動かし，三角形エにぴったり重ねる」…①

これを受けて（2）では，教師が三角形アを右の図の矢印のようにいろいろ動かして「こうやってずらして動かせばいいかな」と試行錯誤する様子を見せ，ずらし方にはいろいろな動かし方があることを示します。そして（3）では「ずらして動かす方法を的確に説明するには何を伝えればよいか」を改めて問い，①の説明に②のようにアンダーラインの部分を付け加えて改善させるわけです。

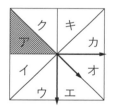

「三角形アを矢印 a の向きに矢印 a の長さだけずらして動かし，三角形エにぴったり重ねる」…②

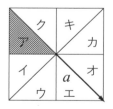

このように，明確な説明に改善する活動を通して，子供は平行移動が2つの変数（矢印の向きと長さ）で確定することも理解できるようになります。そして，これに続く対称移動と回転移動についても，「裏返す」と「まわす」の直感的な説明からの改善を図ることを通して指導します。これによって，対称移動は1つの変数（対称の軸の位置）で確定する移動であり，回転移動は3つの変数（回転の中心の位置と向きと角度）で確定する移動であることもわかり，それぞれの移動の明確な説明の仕方をまとめること

ができます。また，前ページで取り上げた「三角形アを三角形にエにぴったり重ねるにはどうしたらよいか」については，次の③のように対称移動を用いる方法もあることがわかります。

「三角形アを直線 ℓ を折り目に裏返して動かし，三角形エにぴったり重ねる」…③

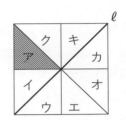

　このように授業をしていると，「対称移動はシンプル」と感じる子供が出てきます。図形を動かすことに注目していると気付きませんが，それを言語化して的確に伝えることに着目すると，３つの移動の違いに気付くようです。図形の移動の指導では，単に図形を移動してぴったり重ねる操作だけでなく，改善することを通してその移動の仕方を的確に表現し共有できるようにする指導を大切にしたいですね。

小単元２　基本の作図（４時間）

1.（ 改善する → ） 同じようにする ひし形の性質を根拠にして作図できないか考える

　この小単元では，角の二等分線，線分の垂直二等分線，垂線の３つの作図を指導します。それぞれの作図の方法を子供が理解できるようにすることはもちろん大切ですが，なぜその方法で作図ができるのかを考えられる子供を育てたいものです。

（1）「なぜ作図ができるのか」に目を向けさせる

　作図の方法やその根拠を子供に見いださせたいと思っても，「考えてごらん」と投げかけることを繰り返すだけでは教師の期待する結果はなかなか得られないのではないでしょうか。そこでここでは，解決の視点からの指導として作図の方法だけを教師が示し，なぜこの方法で作図ができるのかを子供に考えさせて説明を補わせる授業を考えてみましょう。

　①教師が作図の方法を示す。…「こうすれば作図できるんじゃないかな」

　②教師の示した方法で目的の作図ができる理由を問う。
　　　　　　　　　　　　　…「なぜ先生の方法で作図ができるのだろう」

　③教師の作図の方法からわかることを挙げさせる。
　　　　　　　　　　　　　…「先生の作図から，どんなことがわかるかな」

例えば，線分の垂直二等分線の作図について指導する場合を考えてみましょう。まず「線分の垂直二等分線を作図するにはどうすればよいだろう」と問い，子供にその方法を短時間自由に考えさせて目的をつかませます。そして①では「実は先生，いい方法を思いついたんだ」と告げ，右の図のように黒板に作図して見せ，子供にも同じようにノートに作図させます。この際，子供に伝えるのは作図の手順だけにします。②では「なぜ先生の方法で線分の垂直二等分線を作図することができるのだろう」と問い直します。

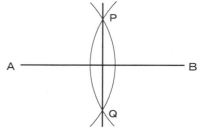

作図の方法を考えるという問題から，なぜその方法で作図ができるのかを考える問題に切り替えるわけです。つまり，作図の手順を不十分な正答とし，これにその手順で作図ができる理由を付け加えることで教師の求める正答に改善を図ろうというわけです。

　また，この際に大事にしたいのが「作図がわかる＝作図の方法がわかる＋その方法で作図ができる理由がわかる」という捉え方です。子供が根拠を明らかにして筋道立てて考える姿勢を身に付けられるようにしたいのです。でも，このまま子供に任せて考えさせても根拠を明らかにすることはなかなか難しい。そこで③では，解決の視点からの指導として教師が示した作図の手順から読み取れる情報を整理します。例えば，教師が子供とやりとりしながら，黒板の作図に右の図のようにかき加えていきます。そして，教師の作図は線分を対角線とするひし形をつくっていることを明らかにし，小単元1で復習したひし形の対角線はそれぞれの中点で垂直に交わることと結びつけるわけです。

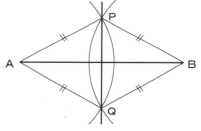

　このように作図の手順を不十分な正答とし，それに子供が作図ができる理由を付け加えることで改善を図り，教師の求める正答，つまり「作図がわかる」状態を導く指導は，線分の垂直二等分線だけでなく，これに続く角の二等分線や垂線の作図でも同様に展開できます。

(2)「同じようにして作図できないか」を考えさせる

　角の二等分線と垂線の作図も，（1）で取り上げた線分の垂直二等分線の作図と同じように，改善するという発想で指導することもできますが，ここでは別の思考の種を蒔く指導を考えてみましょう。例えば，「角の二等分線を作図するにはどうすればよいか」を問題とし，次の①〜③のような解決の視点からの指導で子供に作図の見通しをもたせたらどうでしょう。

　①この作図でもひし形の性質を活用できないか問う。
　　　　…「線分の垂直二等分線の作図と同じように，ひし形の性質を活用できないかな」

②作図ができた状態をイメージさせる。

　　　　　…「角の二等分線が作図できたとしたら，どんな線になるかな」

③ひし形を作図する位置を捉えさせる。

　　　　　…「そうすると，どこにひし形をつくればよいかな」

　①で「同じように」とは，図の中にひし形をつくってその性質を活用することですね。その
イメージをつかませるために，まず②では子供にフリーハンドで角の二等分線をかき込ませ，
等しい大きさになる角がどこにできるのかを確認するのです。そして，続く③でひし形の位置
に目を向けさせ，フリーハンドでかき加えさせます。この際，子供の学習の実態に応じて「ひ
し形は対角線が対称の軸である線対称な図形なので，対角線で折るとぴったり重なる角ができ
ることを活用できないかな」とアドバイスすることも考えられますね。

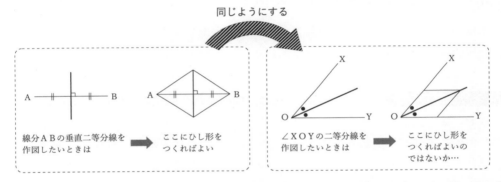

　このように同じようにするという発想は，続く垂線の作図の指導にも生かすことができます。
これまでの作図と同じようにひし形の性質を活用して，「作図がわかる＝作図の方法がわかる
＋その方法で作図ができる理由がわかる」を実現する指導です。ところで，垂線の作図では次
の２つについて指導しますね。

　ア　直線上の１点を通る垂線の作図

　イ　直線上にない１点を通る垂線の作図

　この際，アについて考えたら，条件をかえるという思考の種を蒔くことで「直線上の１点」
を「直線上にない１点」にかえてイについて考えさせます。そして，両方ともこれまでと同じ
ように指導してもよいのですが，そろそろ子供に委ねてみるのはどうでしょう。アについては
これまでと同じように教師が教えることにしっかり関わって指導しますが，イについては一歩
後ろに下がってみるのです。子供がアと比べながら「直線上にない１点を通る垂線も，直線上
の１点を通る垂線と同じように作図できないかな」と考えて主体的に取り組む機会を設けてみ
ます。つまり，ここでの「同じようにする」は，ひし形をつくるということだけでなく，アの
作図を参考にするという意味でもあるわけです。

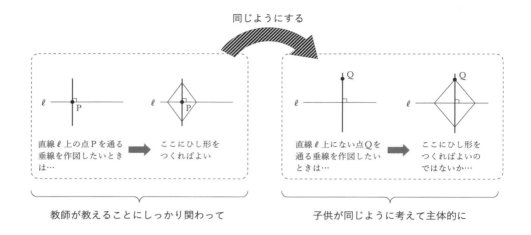

同じようにする

| 直線ℓ上の点Pを通る垂線を作図したいときは… | → | ここにひし形をつくればよい |

| 直線ℓ上にない点Qを通る垂線を作図したいときは… | → | ここにひし形をつくればよいのではないか… |

教師が教えることにしっかり関わって　　　　　子供が同じように考えて主体的に

小単元3　円とおうぎ形（5時間）

　この小単元では，円周率πや，おうぎ形について指導します。次の単元である「空間図形」で円錐の展開図や表面積について指導するための準備でもあります。

1. ■ きまりを見つける ■ おうぎ形の中心角と，弧の長さや面積の関係に着目する

　おうぎ形の弧の長さや面積を求めるためには，これらがその中心角の大きさに比例することを活用します。子供が「関数」領域で学習した内容を，領域を越えて生かすことを経験できる機会ですね。そこで，おうぎ形の弧の長さと中心角の大きさの間にきまりを見つけて関数関係を明らかにするために，次の(1)～(3)のような端緒の視点からの指導を考えてみましょう。

(1) 作図を活用して条件に合うおうぎ形をつくらせる。

…「中心角が45°のおうぎ形を作図してみよう」

(2) おうぎ形の中心角の大きさと弧の長さの間にあるきまりを見つけさせる。

…「おうぎ形の中心角が2倍，4倍になると，弧の長さはどのように変化するだろう」

(3) おうぎ形の弧の長さと中心角の大きさの関係を式で表させる。

…「おうぎ形の弧の長さが中心角の大きさに比例することを説明しよう」

　(1)では，小単元2で学習したことを活用して，中心角が45°のおうぎ形を作図させます。まず，中心角が180°のおうぎ形である半円をつくり，中心を通る垂線を作図して中心角が90°のおうぎ形をつくります。そして，中心角90°の二等分線を作図して中心角が45°のおうぎ形をつ

くるわけです。時間のかかる作業ですから手順だけ子供に考えさせて, 教師が黒板に作図してもよいでしょう。(2)ではこの図を使って, おうぎ形の中心角の大きさが45°から90°, 180°と2倍, 4倍になると, 弧の長さがどのように変化するかを考えさせます。ここでは子供が小単元1で学習した回転移動や対称移動を活用することができますね。つまり,

・中心角が90°のおうぎ形は, 中心角が45°のおうぎ形2つとぴったり重なる
・中心角が180°のおうぎ形は, 中心角が45°のおうぎ形4つとぴったり重なる

ことを明らかにして, 弧の長さも2倍,
4倍になるというきまりを見つけさせる
わけです。そして見つけたきまりから
「おうぎ形の弧の長さは, 中心角の大き
さに比例するのではないか」と予想し,
(3)ではこのことを確かめる学習に進み
ます。つまりここでの学習は, ともなっ

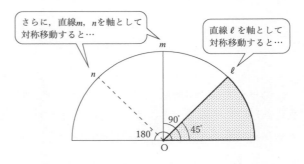

て変わる2つの数量の関係に着目し, きまりを見つける→予想を立てる→それが正しいことを文字式を活用して確かめるという展開になりますね。きまりを見つけることをきっかけに, これまでに「関数」領域で学習したことだけでなく, 「数と式」領域で学習したことも用いて考えることになるわけです。なお, 次におうぎ形の面積と中心角の大きさの関係について指導する際にも, きまりを見つけて考えることが有効であることは言うまでもないでしょう。

2. 逆をつくる おうぎ形の中心角と, 弧の長さや面積を双方向に結びつける

1では, おうぎ形の中心角の大きさを独立変数, 弧の長さや面積を従属変数として, ともなって変わる2つの数量の関係を指導しました。…とくれば, 次は逆をつくって考えてみたくなる子供を育てたいですね。例えば, おうぎ形の中心角の大きさと弧の長さについて, 次の(1), (2)のような端緒の視点からの指導をしてみるのはどうでしょう。

(1) 1で学んだことを確認する。
　　　…「おうぎ形の半径と中心角がわかれば, 弧の長さを求めることができるね」

(2) (1)の順番を逆にして, 中心角を求めさせる。
　　　…「逆に, おうぎ形の半径と弧の長さがわかれば, 中心角を求めることができるかな」

(2)の発想は, 次の「空間図形」の単元で円錐の展開図を考える際に必要になりますね。一次方程式を活用する場面にもなります。同じように逆をつくることで, 「おうぎ形の半径と面積がわかれば, 中心角を求めることができるかな」と考えることにもつながります。

第1学年
第6章「空間図形」

🌱【この単元で生かしたい主な思考の種】

・ 整理する 仲間わけを通して新たな考察の対象を見いだす
・ 逆をつくる 空間図形と見取図，展開図，投影図を双方向に結びつける

　　この単元では，空間図形の性質や立体の計量を通して，子供が図形の性質や関係を直観的に捉え論理的に考察できるようにすることを目指します。立体の模型の観察や操作，実験などは大切な活動ですが，それ自体が目的にならないように子供の思考を促すことを大切にします。

小単元1　立体と空間図形（9時間）

1．整理する 仲間わけを通して新たな考察の対象を見いだす

（1）立体をその特徴で仲間わけする

　この単元では，様々な立体が考察の対象になりますね。このうち球，角柱，円柱については小学校でも指導していますが，角錐や円錐は中学校で新たに指導する立体です。こうした場面では，子供がこれまでの学習を振り返り，これからの学習の見通しをもつ機会を設けることが大切です。そこで，この小単元の導入では，次の①〜③のような端緒の視点からの指導をしてみるのはどうでしょう。

　①既習の立体を確認する。…「小学校では，どんな立体について学んだかな」

　②立体をどのような見方で整理したのか考えさせる。
　　　　　　　　　　　　　　…「どんな見方で立体を仲間わけしたかわかるかな」

　③見方を決めて整理させる。…「自分で見方を決めて立体を仲間わけしてみよう」

　①では，子供に自由に発言させて模型と見取図を提示します。小学校で既習の立体に角錐や円錐も加えて，次ページの図のような立体くらいを準備しておくとよいでしょう。

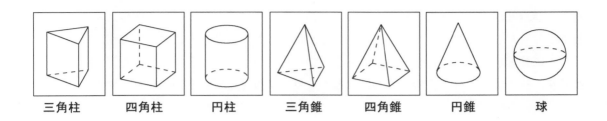

| 三角柱 | 四角柱 | 円柱 | 三角錐 | 四角錐 | 円錐 | 球 |

ICTを活用することも考えられますが，ここでは立体の模型を準備して，子供が実際に触って考えられるようにすることを大切にします。②ではこれらの立体を教師が仲間わけしてみせ，どのような見方で仲間わけしたかを子供に考えさせます。「仲間わけ」とは対象をその共通点や相違点に着目して整理することを意味します。ですから，どのような視点でグループをつくるかが重要ですね。例えば，前述した7つの立体について，教師が次のような2つのグループに整理して見せたらどうでしょう。

・三角柱，四角柱，三角錐，四角錐
・円柱，円錐，球

教師は「平面だけでできている立体と平面以外の面のある立体」と考えて2つのグループに整理したかもしれませんが，子供からは「転がらない立体と転がる立体」という意見が出てくるかもしれませんね。ここでは子供の発想を大切にしながら，仲間わけをするときには，
・どのような見方で仲間わけをしたのか。
・どのようなグループに仲間わけをしたのか。
を明確にすることが大切であることを伝えます。そして③では，各自で仲間わけに取り組ませ，全体で共有するわけです。仲間わけして整理することは小学校の算数の授業でも行われていますから，子供にも取り組みやすい活動でしょう。

ここで，子供に整理する経験をさせることには2つの意味があります。1つは，子供に用語や記号などの意味を理解させることです。新しい単元の導入では，指導しなければならない新しい用語や記号などが増えて，どうしても教師の一方的な説明が増えてしまいます。でも，新しい用語や記号などが必要になる場面をつくり出したらどうでしょう。例えば，次のような仲間わけはどんな見方で整理しているかわかりますか。

・三角柱，四角柱，三角錐，四角錐，円錐
・円柱，球

子供が「とがったところがある立体とない立体」と説明してくれれば，その「とがったとこ

ろ」を頂点と呼ぶことを指導できますね。このように，仲間わけの見方を明確にするために用
語や記号などを用いることで，その必要性を子供が理解できるようにするのです。

　子供に整理する経験をさせることのもう1つの意味は，これから学ぶことを見つけさせるこ
とです。例えば，次のような仲間わけはどんな見方で整理しているかわかりますか。

　・三角柱，四角柱，円柱
　・三角錐，四角錐，円錐，球

　この仲間わけは「体積の求め方を知っている立体とそうでない立体」という見方で整理した
ものです。そして，こうした整理の仕方に気がつけば，次は「三角錐，四角錐，円錐，球の体
積を求めるにはどうすればよいのだろう」という疑問が生まれるのではないでしょうか。整理
することは，新たな思考の出発点になるのです。

(2) 直線や平面を位置関係で仲間わけする

　この小単元の指導で，整理する経験を通して子供に新しい考察の対象を見つけさせたい場面
は他にもあります。空間における直線や平面の位置関係は内容の抽象性が高く，教える教師に
とっても鬼門の1つではないでしょうか。小学校でも直方体などに関連して辺や面の平行や垂
直の関係について指導していますが，これは有限な世界の立体の構成要素の位置関係です。中
学校では，具体的な立体を対象としながら無限に広がる直線や平面の位置関係を取り上げるの
で，抽象度が格段に高くなります。そこで，空間における2直線の位置関係を指導する際に，
直方体の辺を直線とみて仲間わけさせる解決の視点からの指導をしてみるのはどうでしょう。

　例えば右の図のような直方体を示し，各辺
を両方向に延長した直線を考えることを確認
して，「直線BFとの位置関係で，それ以外
の11本の直線を仲間わけしよう」を問題とし
ます。ただ，「位置関係で仲間わけ」と言わ
れても何をすればよいのかわからない子供も
いるのではないでしょうか。そこで解決の見
通しをもたせるために，平面における2直線
の位置関係を学級全体で確認します。前単元

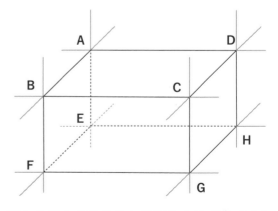

での学習も振り返りながら，平行である場合と交わる場合があることを明らかにできますね。
これを受けて各自で11本の直線を仲間わけさせます。グループのつくり方を子供に任せると，
「直線BFと平行な直線」と「直線BFと交わる直線」の2つに仲間わけできると考える子供
が多いので，平行ではなく交わらない直線のグループができること，つまりねじれの位置を発

見したことに驚く子供もいるようです。こうした経験を通して，平面図形と空間図形の違いを実感させたいのです。

　このように，整理する経験を通して子供に新しい考察の対象を見いださせることは，「直線と直線」という条件を「直線と平面」にかえることで発展的に展開させることができますね。空間における直線と平面の位置関係についても，子供に直方体を使って仲間わけをさせることで指導できるのです。この場合は交わるという位置関係から，直線と平面が垂直に交わることの意味へ考察を深めていきます。さらに「直線と平面」という条件を「平面と平面」にかえれば，空間における2平面の位置関係についても同じように指導できることは明らかでしょう。この場合も交わるという位置関係から，2平面が垂直に交わることの意味の指導に展開していきますね。

2. 逆をつくる 空間図形と見取図，展開図，投影図を双方向に結びつける

　この小単元では，空間図形を平面上に表現するための道具として見取図，展開図，投影図を指導します。この際に大切にしたいのが，子供が空間図形とこれらの数学的な表現の間を自由に行き来できるようにすることです。空間図形を平面上に表現できても，そこで見つけたことをもう一度空間図形にもどって考えることができなければ意味がありませんね。「関数」領域で，目に見えない関数関係を表，式，グラフを使って捉え，関数関係の特徴をつかもうとするのとよく似ています。ここではそのための基盤として，例えば投影図については次の(1)，(2)のような端緒の視点からの指導を大切にしたいのです。

　(1) 投影図の意味を理解できるようにする。…「この立体を投影図で表すとどうなるかな」

　(2) 投影図が表す立体を判断させる。…「逆に，この投影図はどんな立体を表しているかな」

　(1)では，教師が教えることにしっかり関わり，立体の模型を示すなどして子供が投影図の意味を理解できるように指導します。特に投影図は見取図や展開図とは異なり，小学校で指導していませんから丁寧な指導が必要です。これを受けて(2)では，(1)とは逆に教師が投影図を示し，どのような空間図形を表したものかを子供に考えさせるのです。この際，その判断の根拠を言葉で説明することを大切にします。例えば「平面図が三角形で，立面図が長方形である」ことを根拠として，投影図の表す空間図形が三角柱であると説明することが考えられます。

　見取図や展開図についても，投影図と同じように逆をつくるという発想を授業に取り入れることで，子供が三次元の世界と二次元の世界を行き来して考えられるようにしたいのです。

🌱【この単元で生かしたい主な思考の種】

・ 比べる 複数のデータの分布の傾向などに着目する
・ 整理する 分布の傾向や，起こりやすさの違いを把握するためにデータを整理する
・ 改善する 不確定な事象について，判断の根拠を明確にして説明する

> この単元では不確定な事象を考察の対象とし，子供がデータの分布の傾向や事象の起こりやすさの傾向を読み取り判断できるようにすることを目指します。そのためには，子供にどのようなことを考えさせたいのかを明確にして指導に取り組む必要があります。

小単元1　データの分布（9時間）

1.　比べる 複数のデータの分布の傾向などに着目する

(1) 複数のデータを比べる

　この小単元では，統計についての内容を指導します。ここで目指すのは，子供がデータの分布に着目してその傾向を読み取り，批判的に考察して判断できるようにすることですね。このうち，データの分布の傾向を読み取らせることを目標とした端緒の視点からの指導で有効なのが，複数のデータの共通点や相違点を見いださせる活動。つまり，比べることから考えさせる指導です。例えば，子供に1つのデータのヒストグラムを与えて，「このデータのヒストグラムからどんなことがわかるかな」と問いかけても，子供から教師の期待する解答を導くのはなかなか難しいのではないでしょうか。「どんなこと」が何を指すのかはっきりしないことが原因でしょう。そこで2つのデータAとBのヒストグラムを示して，「2つのデータのヒストグラムを比べるとどんなところが似ているかな」とか「違っているのはどんなところだろう」と聞いたらどうでしょう。比べることで，2つのヒストグラムの共通点や相違点が見えてきます。例えば「データAもデータBも1つの山になっている」とか「データAよりデータBの方がちらばっている範囲が大きい」など，それぞれのデータの分布の特徴を捉えやすくなるのではないでしょうか。考察の対象の特徴をつかみたいときは，別の対象と比べて着眼点を明確にするという経験を子供にさせたいのです。

(2) 1つのデータで比べる

　1つのデータについても，比べることで子供の考えを深める指導ができる場面があります。例えば，代表値については小学校で指導されていますが，多くの教師がこの小単元で復習として指導しているのではないでしょうか。その際，子供に平均値，中央値，最頻値を比較させる指導をしていますか。中学生になっても「平均値＝最頻値」（平均値は最も多い値），「平均値＝中央値」（平均値はまん中の値）と考えている子供は意外にいるものです。比べることは，学んだことを再確認する学び直しのためにも役立ちます。

　また，ヒストグラムについても柱状グラフとして小学校で指導されていますが，中学校では新たにその階級の幅を変えて考察することを取り上げますね。1つのデータの階級の幅が異なる複数のヒストグラムをつくって比べてみると，そこから読み取れる傾向が異なる場合があることを指導します。これによって，ヒストグラムからデータの傾向を読み取るときは，目的に応じて階級の幅の異なるヒストグラムをつくり検討することが必要であることを子供が理解できるようにしたいのです。子供が批判的に考察し判断できるようにするための基礎を培う大切な指導です。

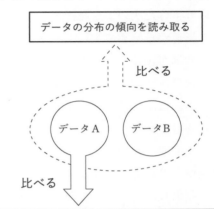

2. 　整理する　分布の傾向などを把握するためにデータを整理する

　1でデータを比べるために必要になるのが，データを整理することです。つまりこの小単元では，整理することが解決の視点からの指導のポイントになります。整理する方法として，子供は小学校で代表値や度数分布表，ヒストグラム（柱状グラフ）を学んでいます。この小単元ではこれに加えて，度数分布多角形を指導しますね。また，データの最大値や最小値，範囲，累積度数，相対度数，累積相対度数といった新たな統計的な指標についても指導します。この際，「どうやって整理すればよいか」を子供が理解できるようにすることはもちろん大切です。でもそれだけでなく，解決の視点からの指導としては，「何を知りたいときに，どれを使って整理すればよいか」を考えられる子供を育てることも忘れないようにしたいのです。

　例えば度数分布多角形は，複数のデータの分布の傾向を捉える際に役立ちます。複数のヒストグラムを並べて比べてもよいのですが，直接重ねて考えることができるようになるというのはアドバンテージがありますね。相対度数を用いて整理することは，総度数の異なる複数のデータを比べたいときに役立ちます。これを基にすれば，度数分布表やヒストグラム，度数分布

多角形を使って比較することが可能になります。

3. 改善する 不確定な事象について，判断の根拠を明確にして説明する

　この小単元では，子供がヒストグラムや相対度数などを用いて，データの傾向を捉え，判断し，説明できるようにすることが求められています。でもこの単元に限らず，説明することを苦手とする子供は少なくないですね。そこで，ここでは改善することで説明に取り組ませる解決の視点からの指導を考えてみましょう。

　具体的な授業のイメージをもってもらうために，「10秒センス」という時間の感覚を測る実験を取り上げた次のような授業を考えてみましょう。まず，次の(1)～(3)のような端緒の視点からの指導から始めます。

　(1) 教師が10秒センスのルールを説明し，学級全員で実験に取り組みデータを収集します。

　(2) 教師が「10秒センスは練習すれば，練習する前より結果がよくなるだろうか」と問い，子供に自由に予想させます。

　(3) 各自で何回か練習をさせてから，再度実験に取り組ませデータを収集します。

　ここまでで，2つのデータが収集できましたね。これを受けて，次の(4)～(7)のような解決の視点からの指導に移ります。

　(4) 収集したデータを整理する方法を考え，解決の見通しを立てます。ここでは10秒センスの練習前と練習後の2つのデータを比べたいので，度数分布多角形に整理してその特徴を捉えることにします。

　(5) 子供に度数分布多角形をつくらせます。ここでは右の図のようになったとしましょう。

　(6) この度数分布多角形からデータの傾向を捉え，練習すれば結果がよくなると言えるかどうか判断して説明するように指示します。

　(7) 子供に短時間考えさせた後，教師が「こんな説明はどうかな」と言って，例えば次のような説明を示します。

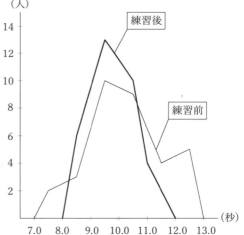

「練習後の方が練習前より安定しているから，練習すると結果がよくなると言える」

　本当は(6)で子供に各自で説明させたいのですが，ここでは(7)で不十分な説明を提示し，これを改善する活動に取り組ませます。これによって，度数分布多角形から読み取れる判断の根拠をどのように説明するかに焦点を当てて子供に考えさせることが目的です。そして，こうし

た経験を基にして，次は子供にゼロから説明させることがねらいです。

　教師が示した説明については，「安定している」とは何を意味しているのかを示す必要がありますね。そこで，説明にアンダーラインの部分を追加して根拠を示し改善を図ります。

> 「練習前は7.0秒以上13.0秒未満，練習後は8.0秒以上12.0秒未満にそれぞれ分布していて練習後の方が範囲が小さいので，練習後の方が練習前より安定しているから，練習すると結果がよくなると言える」

小単元2　不確定な事象の起こりやすさ（3時間）

1.　 比べる 　不確定な事象の起こりやすさの違いに着目する

　この小単元では，確率についての内容を指導します。目標は，子供が多数の観察や多数回の試行の結果を基にして，不確定な事象の起こりやすさの傾向を読み取り表現できるようにすることですね。このうち不確定な事象の起こりやすさの傾向を読み取らせるためには，小単元1と同じように，複数の事象の起こりやすさを比べることから考えさせる端緒の視点からの指導が有効です。例えばこの小単元での多数の観察や多数回の試行として，ペットボトルキャップを投げたときの向きを考えさせることは定番教材でしょう。この際，「キャップを投げたら，表側になるか裏側になるか，どちらの方が起こりやすいだろう」などと問いかける教師が多いのではないでしょうか。「起こりやすさには違いがあるのではないか」という予想から「どうすればその違いを明らかにできるか」，「データを収集して数値で比較できないか」と子供の思考が動き出すからですね。

2.　 整理する 　起こりやすさの違いを把握するためにデータを整理する

　データを比べるために必要になるのが，データを整理することです。つまりここでも小単元1と同様に，整理することが解決の視点からの指導のポイントになります。例えば，1で取り上げたペットボトルキャップを投げたときの表と裏の起こりやすさを題材にした授業を考えてみましょう。収集したデータから相対度数を求めて折れ線グラフで表し，一定の値に近づくことを確認する…と教師の説明中心の授業になっていませんか。子供が「どう整理するか」を考える授業になっているでしょうか。例えば，求めた相対度数を折れ線グラフで整理するのはなぜでしょう。子供は小学校で折れ線グラフを「変わり方がよくわかるグラフ」として学習しています。つまり，実験の回数にともなう相対度数の変化の様子を知りたければ，折れ線グラフに整理することが適していると判断できるはずです。このように，事象の起こりやすさの違いを把握させる場面でも，子供がどのように整理するかを考える経験を大切にしたいのです。

🌱【この単元で生かしたい主な思考の種】

・ 条件をかえる 「これも計算できるかな」で考察の対象をひろげる
・ 同じようにする 既習の文字式の計算を基にして計算の根拠を明らかにする
・ 比べる 計算の進め方を比較してその特徴に着目する

> 中学校で2度目の文字式の単元のキーワードは「つなぐ」です。第1学年の文字式についての学習を基盤として，新たに何をどのように考えるのか。そのつながりを子供が意識して学習に取り組めるように思考の種を蒔く指導に取り組みましょう。

小単元1　単項式と多項式（7時間）

1. 条件をかえる **「これも計算できるかな」で考察の対象をひろげる**

　この小単元は指導する計算の内容が豊富です。そのため教師が式を提示して計算の仕方を一方的に説明し，子供は計算の練習を繰り返すだけの授業になりがち。そこで考えてみたいのが，子供が第1学年で学んだ文字式の計算の条件をかえて新たな式を見いだし，「これも計算できるかな」と考察の対象をひろげる指導です。これによって，なぜそのような計算を考えるのかを子供が理解できるようになり，主体的な学びを促す授業が可能になります。

（1）整式の加法や減法の計算

　整式の加法や減法の計算とつながるのは，第1学年で指導した1つの文字についての一次式の加法と減法の計算ですね。この計算の条件をかえることで発展的に考え，新たに計算の仕方を考える式を子供に見いださせます。次の①～③のような端緒の視点からの指導を考えてみましょう。

　①1つの文字についての一次式の加法と減法の計算を復習する。

　　　　　　　　　　　　　　　…「次の文字式の計算をしてみよう」

　②「1つの文字についての式」の条件をかえて新しい加法と減法の計算式をつくる。

　　　　　　　　　　　…「文字が1つだったのを2つにかえても計算できるかな」

③「１次式」の条件をかえて新しい加法と減法の計算式をつくる。
…「１次式だったのを２次式にかえても計算できるかな」

　ここでは加法の計算を例に，下の図の「１年生で学んだ式の計算１」を使って考えてみましょう。①では，$(3a+2)+(4a-5)$を使って第１学年で学んだ式の計算を復習します。これを受けて②では「１つの文字」を「２つの文字」にかえても計算できるかを子供に問い，$(3a+2)+(4a-5)$に「b」を付け加え，$(3a+2b)+(4a-5b)$を提示するのです。

　２つの文字について計算ができるようになったら，③ではもう一度①の式に戻り，異なる条件をかえることを考えて次数に着目します。そして「１次式」を「２次式」にかえても計算できるかを子供に問い，$(3a^2+2a)+(4a^2-5a)$を提示するのです。

　ここで示した式は例であり，必ずしも②や③のように形を揃える必要はありませんが，どのように条件をかえたかがわかりやすいのではないでしょうか。また次の２で説明するように，解決の視点からの指導で計算の方法を考える際にも，同じようにして考えることが容易になります。このような指導が減法についても同様に展開できることは明らかでしょう。

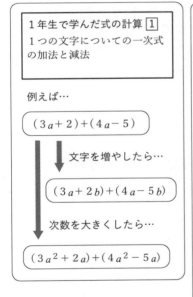

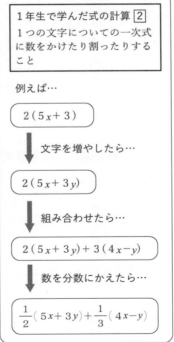

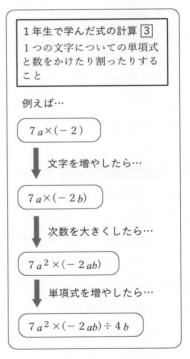

(2) 整式に数をかけたり割ったりする計算
　整式に数をかけたり割ったりする計算とつながるのは，第１学年で指導した１次式に数をかけたり割ったりする計算です。(1)の①〜③と同じように，条件をかえながら端緒の視点から

の指導を展開できますね。このうち，加法の計算を例にまとめた前ページの図の「1年生で学んだ式の計算②」を見てください。ここでは，「1つの文字」を「2つの文字」にかえるところは①と同じです。でも，次は次数の条件をかえるのではなく，「1つの式」を「2つの式」にかえていますね。これは学習指導要領への対応です。学習指導要領解説では，この小単元における指導について，必要以上に複雑で無目的な計算練習にならないように注意を促しています。そして，整式に数をかけたり割ったりする計算については，次の単元で連立二元一次方程式を解くときに必要になる $2(5x+3y)+3(4x-y)$ くらいの簡単な式の計算ができるようにすることを求めているのです。このように，条件をかえることで思考の種を蒔く指導では，教師が条件をかえることで子供を教え導き，「条件をかえながら考えると，新しい問題が見つけられて面白いな」と思える経験をさせることを大切にしたいのです。

(3) 単項式どうしの乗法や除法の計算

単項式どうしの乗法や除法の計算とつながるのは，第1学年で指導した単項式と数をかけたり割ったりする計算です。ここでも(1)の①〜③と同じように，条件をかえながら端緒の視点からの指導を展開できますね。このうち，乗法の計算を例にまとめた前ページの図の「1年生で学んだ式の計算③」を見てください。「1つの文字」を「2つの文字」にかえるところは①や②と同じですね。そこでここでは，こうした繰り返しの指導を前提に，教師が一歩後ろに下がって子供の主体的な取組を促してみるのはどうでしょう。「この計算から条件をかえたら，どんな新しい計算が考えられるかな」と問いかけて，①や②を参考にさせながら子供に自由に条件をかえさせてみるのです。

2. 同じようにする 既習の文字式の計算を基にして計算の根拠を明らかにする

1では端緒の視点からの指導として，条件をかえることでまだ計算の仕方がわからない新しい式を見いだし，「この式も計算できるかな」を問題としました。そこで次は，同じようにすることでその計算の仕方を考える解決の視点からの指導を考えてみましょう。

ここでは1(1)の整式の加法や減法の計算について，前ページの図の「1年生で学んだ式の計算①」を例として取り上げましょう。まずは既習事項を確認します。$(3a+2)+(4a-5)$ については第1学年で，

- $3a$ と $4a$ のような文字の部分が同じ項（同類項と定義しますね）は，$ma+na=(m+n)a$ と計算してまとめる。
- $+2$ と -5 のような数の項は，計算してまとめる。

と指導していることを確かめながら実際に計算します。これを受けて，条件をかえてつくった式である $(3a+2b)+(4a-5b)$ も，同じように計算することができないかを子供に問いかけ，自由に意見を出させます。ここで「同じように計算する」とは，$ma+na=(m+n)a$ と計

算してまとめることですね。子供が計算の見通しをもつことができたら，各自で実際に計算をさせてみます。この際に大切にしたいのが，「条件をかえることで新たな問題を生み出したのだから，その解決も条件をかえる前の問題の解決と同じようにできるのではないか」という発想です。こうした同じようにする解決の視点からの指導が，1の(2)や(3)の計算でも同様に展開できることは明らかですね。

3. 比べる 計算の進め方を比較してその特徴に着目する

式の計算については，共有の視点からの指導で異なる計算の進め方を比べ，その特徴を考えさせ，式の計算についての理解を深めることも大切にしたいものです。例えば，整式に数をかけたり割ったりする計算について，73ページの図の「1年生で学んだ式の計算②」を例に考えてみましょう。ここでは条件をかえながら導いた式について，2通りの計算を取り上げます。

右の図は2人の子供の計算を板書したイメージです。Aさんの計算は，条件をかえる前の $2(5x+3y)+3(4x-y)$ と同じように計算しています。Bさんの計算は子供からは出てこないかもしれませんから，「先生はこんな計算をしたのだけれど」と言って示してもよいでしょう。

2つの計算を示し，$\dfrac{23x+7y}{6}=\dfrac{23}{6}x+\dfrac{7}{6}y$ だか

〈Aさんの計算〉

$$\frac{1}{2}(5x+3y)+\frac{1}{3}(4x-y)$$
$$=\frac{5}{2}x+\frac{3}{2}y+\frac{4}{3}x-\frac{1}{3}y$$
$$=\frac{5}{2}x+\frac{4}{3}x+\frac{3}{2}y-\frac{1}{3}y$$
$$=\frac{15}{6}x+\frac{8}{6}x+\frac{9}{6}y-\frac{2}{6}y$$
$$=\frac{23}{6}x+\frac{7}{6}y$$

〈Bさんの計算〉

$$\frac{1}{2}(5x+3y)+\frac{1}{3}(4x-y)$$
$$=\frac{5x+3y}{2}+\frac{4x-y}{3}$$
$$=\frac{3(5x+3y)}{6}+\frac{2(4x-y)}{6}$$
$$=\frac{15x+9y}{6}+\frac{8x-2y}{6}$$
$$=\frac{15x+8x+9y-2y}{6}$$
$$=\frac{23x+7y}{6}$$

ら，どちらも正しい計算であることを説明して終わり…では，ちょっともったいないですね。子供に「自分だったらどちらの計算をするか」と問いかけたら，どんな答えが返ってくるでしょう。私の経験では，Aさんの計算が人気です。今までと同じように計算すればよいからです。でも，「Bさんの計算の方がよい」と言う子供もいます。理由を問うと「分数の計算をしていない」との指摘。確かにBさんの計算は見た目は分数ですが，計算しているのは整数だけ。分数を苦手とする子供から人気が高まります。でも「この程度の分数の計算だったら問題ない」，「Bさんの計算は途中でかっこをはずしたり，つけたりしていて複雑」との意見も。式の計算の指導では，結果はもちろん大切ですが，それに至る過程についても比べて考えを深めることができますね。

🌱【この単元で生かしたい主な思考の種】

・ 条件をかえる 　文字の数を増やして新しい方程式を生み出す
・ 同じようにする 　一元一次方程式と同じようにして二元一次方程式の解の意味を考える
・ 学んだ形にする 　連立方程式から解き方を知っている一次方程式を導く

> 　この単元も第1学年の「方程式」と同様に，活用の小単元で思考力，判断力，表現力等を育成する指導に力が入ります。とても大切なことですが，二元一次方程式とその解の意味や連立二元一次方程式の解法の指導で思考の種を蒔くことも忘れないようにしたいものです。

小単元1　連立方程式（8時間）

1. 条件をかえる 　文字の数を増やして新しい方程式を生み出す

　この小単元では，連立二元一次方程式の解法が中心的な指導内容になるので，どうしても二元一次方程式とその解の意味の指導が手薄になりがちです。そこでこの小単元の導入では，「なぜ二元一次方程式なのか」に子供の目を向けさせる次の(1)，(2)のような端緒の視点からの指導をしてみるのはどうでしょう。

　(1) 一元一次方程式の条件をかえて新しい方程式をつくらせる。

　　　　　　　…「この方程式の条件をかえて，新しい方程式をつくってみよう」

　(2) 二元一次方程式の解に目を向けさせる。

　　　　　　　…「この方程式も，一元一次方程式と同じように解くことができるかな」

　(1)では，第1学年の復習として子供に一元一次方程式を解かせ，習熟の程度を確認します。その上で教師が「これから方程式の勉強をするのだけれど，この方程式はもう解けるようになったからいいね」，「新しい方程式をつくって挑戦したいね」，「どんな方程式が考えられそうかな」と子供に問いかけてみたらどうでしょう。ここで，子供が前単元で学んだ条件をかえて考えることを振り返って「先生，文字の数を1つから2つにかえた方程式はどうかな」と指摘できたら，指導の成果として喜びましょう。その上で「すごいね，きみたちは先生が教えなくて

も自分で学習することを見つけられるようになったんだね」と条件をかえて考えることのよさを伝えるのです。もちろん，子供がすぐには気付かないかもしれませんね。そんなときは「前の『式の計算』の単元でも，次に計算の仕方を考える式は自分たちで見つけたね」，「どうやって新しい式をつくったんだっけ」と問いかけてみたらどうでしょう。そうすると文字の数だけでなく，「先生，式の次数を1次から2次にかえた方程式もつくれるよ」と気がつく子供も出てくるでしょう。ここでの指導内容ではありませんが，教師がしっかり受けとめて「すごいね，それは3年生が学ぶ方程式なんだよ」，「もうそこまで気がつくとは驚いたよ」とこれからの方程式の学習に子供が期待をもてるようにしたいものです。子供の主体的な学びには「次に何を考えるのか」という自らへの問いが欠かせません。条件をかえることは，そのきっかけになるのです。こうして文字の数を増やしたり，式の次数を大きくしたりして生み出した方程式について考えることは，中学校にとどまらず高等学校の数学の学習にも引き継がれていきますね。

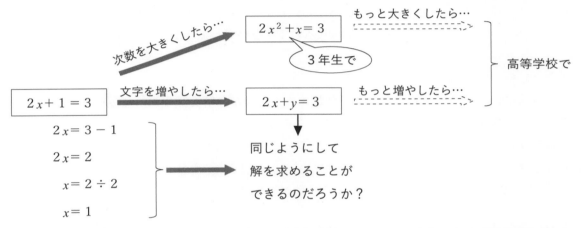

　そして条件をかえて考えたら，次は条件をかえる前と同じようにできるかを考えるのでしたね。(2)では一元一次方程式が解けたことを振り返り，同じように二元一次方程式も解いて解を導くことができるだろうかと問いかけて，子供の視点を方程式の解に移すのです。

2. 同じようにする　一元一次方程式と同じようにして二元一次方程式の解の意味を考える

　1の端緒の視点からの指導では「二元一次方程式も解いて解を導くことができるだろうか」を問題として設定しました。これを受けて解決の視点からの指導では，一元一次方程式のときと同じようにすることで子供に問題の解決に取り組ませます。例えば，次の(1)〜(3)のような展開の授業が考えられるのではないでしょうか。

　(1)　一元一次方程式の解の意味を確認する。
　　　　　　　　…「一元一次方程式を解くと，何がわかるんだったかな」

（2） 二元一次方程式の解の意味を明らかにする。…「二元一次方程式の解って何だろう」

（3） 二元一次方程式の解を求めさせる。…「二元一次方程式の解を求めてみよう」

（1）では，既習の一元一次方程式を使って解の意味を確かめます。方程式を解く技能は身に付いていても，解の意味を理解できていない子供は少なくありません。ここでは復習として解いた $2x+1=3$ に $x=1$ を代入して，方程式を成り立たせる文字の値をその方程式の解ということを確認します。これを受けて（2）では，一元一次方程式 $2x+1=3$ から条件をかえてつくった二元一次方程式 $2x+y=3$ の解の意味を考えます。一元一次方程式の場合と同じように考えれば「方程式を成り立たせる文字の値」のことですから，2つの文字 x と y にそれぞれ代入して方程式を成り立たせる数のこと，つまり2つの数の組だということがわかりますね。そこで（3）では，二元一次方程式 $2x+y=3$ の解を子供に見つけさせます。そのためには，次の①と②のような2つの方法が考えられるのではないでしょうか。

①数を文字に代入して解を見つけさせる

方程式 $2x+y=3$ の x と y にそれぞれ数を代入しながら解を探す試行錯誤的な方法です。例えば，条件をかえる前の方程式 $2x+1=3$ の解が $x=1$ でしたから，同じように $2x+y=3$ にも x に1を代入すると $2+y=3$ となり，y に1を代入すれば方程式が成り立つことがわかります。つまり，方程式 $2x+y=3$ の解 $(x, y)=(1, 1)$ を見つけることができますね。「なんだ，意外と簡単じゃないか」と思う子供が出てきそうです。そこで教師が「x に2を代入したらどうかな」とか「x に $-\dfrac{1}{2}$ を代入したときはどうだろう」と問いかけ，実は解が無数にあることを子供に気付かせ，一元一次方程式と二元一次方程式の解の違いを明らかにするわけです。

②式を使って解を見つけさせる

①のような指導は多くの教室で行われていると思います。でも，同じように考えることで解を見つけさせる指導もできるのではないでしょうか。まず，もう一度77ページの図を見てください。方程式 $2x+1=3$ の解は式を変形することで求めることができました。同じように考えると，方程式 $2x+y=3$ の解も式を変形して求めることができるのではないか…と思うのは自然な発想ですよね。そこで，この方程式を変形して y について解いてみると次のようになります。

$$2x+y=3$$
$$y=-2x+3$$

よいアイデアだと思いましたが，残念ながら式を変形しただけでは解は求められません。でも，変形した式をよく見ると，右辺の x に数を代入して計算した結果と同じ値を左辺の y に代入すれば，等式が成り立ちます。つまり，この x と y の値の組が方程式 $2x+y=3$ の解なのです。またこのことから，x にどんな数（整数に限らず，小数や分数でも）を代入してもそれに対応して y に代入する数が決まりますから，次々解をつくり出すことができて，解が無数にあることもわかります。この授業をしていたら，ある子供が「$y=-2x+3$ は方程式 $2x+y=3$ の解の製造マシンだね」と言っていました。言い得て妙だと思いませんか。

　二元一次方程式の解が無数に存在することの理解に課題があることは，学力調査でも繰り返し指摘されています。無数に存在することがわかっていても，整数だけを考えている子供も少なくありません。このことは，次の「一次関数」の単元で方程式のグラフが直線であることの理解に結びついていることにも注意が必要です。一元一次方程式と同じように式を変形して解を求めることで，二元一次方程式の解についての理解を深めることができるのではないでしょうか。

3. 　学んだ形にする　連立方程式から解き方を知っている一次方程式を導く

　連立方程式の解法には加減法と代入法があることを指導しない教師はいないでしょう。でも，2つの解法が同じ考え方に基づいていることについてはどうでしょう。「連立方程式を変形して一次方程式にできれば解くことができる」と考えて，学んだ形にする指導です。「連立方程式を解くにはどうすればよいか」よりも「連立方程式を一次方程式にするにはどうすればよいか」の方が，子供も解決の見通しが立てやすいのではないでしょうか。とは言うものの，このことを足がかりに子供から加減法と代入法を引き出すのは難しいでしょうし，それを求める必要はありません。むしろ大事にしたいのは，加減法と代入法を指導する過程で，その手順だけでなく，こうした見通しを教師が子供にしっかり示すことです。

　なお学んだ形にすることは，これに続いて様々な連立方程式を解く際にも役立ちます。係数が整数の連立方程式を基本形として，それぞれの連立方程式をこれに変形することで解くことができないかを考えさせるのです。

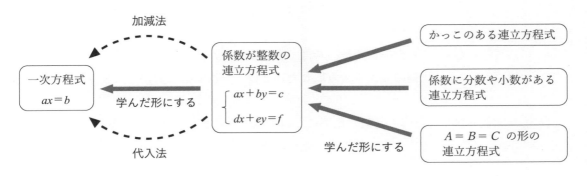

第２学年
第３章「一次関数」

🌱【この単元で生かしたい主な思考の種】

・ 比べる 比例と比較して一次関数の特徴を明らかにする

・ ひろげる ２つの視点から一次関数の変化の割合の特徴を明らかにする

・ 逆をつくる 一次関数の式とグラフを双方向に結びつける

　　一次関数については，第１学年で指導した比例や反比例と関連付けることで，子供が理解を深められるように指導することが大切です。思考の種を蒔く指導でそのための視点を示し，子供が関数関係を見いだして，表，式，グラフで表現し考察できるようにしたいのです。

小単元１　一次関数とグラフ（10時間）

１. 比べる （→ きまりを見つける ）比例と比較して一次関数の特徴を明らかにする

　　新しいことを理解するための糸口の１つは，既に知っていることと比較して共通点や相違点を明らかにすることにあります。この小単元で一次関数の変化と対応の特徴を表を使って捉えさせる際には，比例と比べて考えさせる次の(1)〜(4)のような解決の視点からの指導が考えられるのではないでしょうか。

(1) 比例の変化と対応の特徴を確認する。

　　　　　　　…「比例の表から読み取れることには，どんなことがあったかな」

(2) 一次関数の変化と対応の特徴に着目させる。

　　　　　　　　…「一次関数の表からは，どんなことが読み取れるだろう」

(3) (1)で読み取ったことが一次関数の特徴であるかどうか調べさせる。

　　　　　　　…「比例の表から読み取れたことは，一次関数の表からも読み取れるかな」

(4) 一次関数の変化と対応の特徴が比例にも当てはまるかどうか調べさせる。

　　　　　　　…「一次関数の表で見つけたことは，比例の表からも読み取れるかな」

(1)は，第1学年で学んだ比例についての復習です。比例とはどのような式で表される関係であるかや，対応表から読み取れる変化と対応の特徴を具体例（例えば，$y = 2x$）を使って子供とやりとりしながら確認します。下の図はその板書のイメージです。ここでは表を横に見ることでア，表を縦に見ることでイとウを明らかにします。

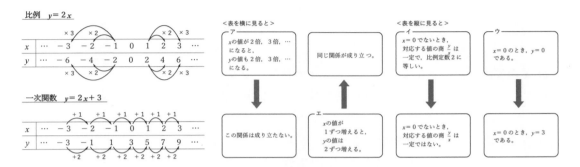

　これを受けて(2)では，一次関数の変化と対応の特徴に子供の目を向けさせます。ただ「どんなことが読み取れるか」という問いは，子供にとって答えにくいものですね。そこでその解決に向けて(3)では，(1)で確認したア〜ウの特徴が一次関数にも当てはまるかどうかを具体例（例えば，$y = 2x + 3$）を使って調べて比べてみます。ア〜ウの特徴はどれも一次関数には当てはまりませんから，一次関数が比例とは異なる新しい関数であることを子供も実感できるのではないでしょうか。でも，このままでは一次関数の変化と対応の特徴がわかりませんね。そこで(4)では，一次関数の表から読み取れる変化と対応の特徴を探して，それが比例に当てはまるかどうかを調べて比べてみます。エの特徴はアと同様に表を横に見ることで見いだされる特徴で，この後に続く変化の割合の指導に結びついていますね。一次関数と比例で比べてみると，この特徴はアとは異なり両方の関数で成り立つことがわかります。このことは，比例が一次関数の特別な場合であることと関係しています。このように，これから学ぶ事柄についての情報が欲しいときには，関連する既習事項と比べて考えさせることで共通点や相違点を見いだすことができます。また，これからの学習の方向性（ここではエの特徴についての考察を深める）を見いだせることもあるのです。

　なおこの小単元の指導では，

・一次関数と反比例の変化の割合を比べて，変化の割合が一定ではない関数の存在に気付かせる。
・一次関数 $y = ax + b$ のグラフを比べて，a と b の値に着目しその特徴を明らかにする。

のように，他にも子供に比べて考えさせたい場面があります。

2. **ひろげる** 2つの視点から一次関数の変化の割合の特徴を明らかにする

一次関数 $y = ax + b$ の変化の割合については，次の(1)～(3)のようなひろげて考えさせる端緒の視点からの指導が考えられます。

(1) $a > 0$，$x \geqq 0$ である場合について，変化の割合の特徴を考えさせる。

…「変化の割合にはどんな特徴があるだろう」

(2) x の変域を負の数までひろげても，その特徴が成り立つか考えさせる。

…「その特徴は，x の変域を負の数までひろげても成り立つかな」

(3) $a < 0$ にしても，その特徴が成り立つか考えさせる。

…「その特徴は，x の係数の範囲を負の数までひろげても成り立つかな」

(1)では，例えば $y = 2x + 3$ を取り上げて変化の割合を定義し，対応表を使ってその特徴を子供に見つけさせます。最初から x の変域に制限をつけなくともよいのですが，負の数の増加量を求める段階で混乱する子供が出てくることにも配慮して，$x \geqq 0$ の範囲で対応表をつくって考えさせます。ここでは，変化の割合は一定であることを明らかにすることが目的です。

これを受けて(2)では「このことは，x の値の範囲がひろがってもかわらないかな」，「x の変域を負の数までひろげても，変化の割合は一定だろうか」と問いかけて考察の範囲をひろげる視点を示し，子供に自由に予想させます。そして(1)でつくった対応表を左に拡張して確かめてみるわけです。

「変化の割合が一定である」という子供の確信が深まってきたところで，(3)では「他にも範囲をひろげて考えられるところがあるね」，「x の係数を負の数までひろげても，変化の割合は一定だろうか」と問いかけて別の視点から考察の範囲をひろげることを示し，再度子供に自由に予想させます。そして，例えば $y = -5x + 1$ を取り上げて対応表をつくり，変化の割合を求めて確かめるのです。このように，ひろげて考えることで，自分の見つけた数量や図形などについての特徴が，どの範囲まで適用可能なのかを考える姿勢を子供に身に付けさせたいのです。また，ひろげて考えることに1で取り上げた比べることやきまりを見つけることを組み合わせて指導することで，変化の割合が一定であること以外にも次のような子供の気付きが生まれてくるのではないでしょうか。

・一次関数 $y = ax + b$ で x の値が増加するとき，$a > 0$ ならば y の値は増加し，$a < 0$ ならば y の値は減少する。
・一次関数 $y = ax + b$ の変化の割合は a に等しい。

3. 逆をつくる 一次関数の式とグラフを双方向に結びつける

　「関数」領域の指導では，子供が表，式，グラフを相互に関連付けて考えられるようにすることが求められています。数量の関係の何を捉えようとするのかという目的に応じて，子供がそれぞれの数学的な表現を使いわけられるようになるためには，表，式，グラフの間で自由にかき換えられる必要がありますね。そのためには，中学校3年間の指導を通して子供が経験を重ね，徐々に慣れるようにすることが必要です。そこで，比例と反比例と同じように，一次関数の式からグラフをかくことについて指導した段階で，次の(1)，(2)のような端緒の視点からの指導をしてみるのはどうでしょう。

(1) 一次関数の式を示し，グラフで表させる。

　　　　　　　…「次の式で表される一次関数をグラフで表せるかな」

(2) (1)の順番を逆にして，一次関数のグラフを示し，式で表させる。

　　　　　　　…「逆に，次のグラフで表される一次関数の関係を式で表せるかな」

　(1)は式からグラフをかくことで，ここまでの復習または確認としての指導です。与えられた一次関数の式から傾きと切片を読み取ることで解決するのですね。(2)は(1)からの発展的な考察で，グラフから式へのかき換えです。これを受けて，解決の視点からの指導で大切にしたいのが，解決方法も逆に考えればよいのではないかという発想です。つまり，(1)の問題から式とグラフを逆にして(2)の問題をつくったのだから，(2)の問題の解決方法も(1)の問題の解決方法を逆にたどればよいのではないか。つまり，グラフから傾きと切片を読み取ればよいことを子供に気付かせたいわけです。

　また，ここでは一次関数の式とグラフを双方向に結びつけるために逆をつくることを取り上げましたが，さらに対応表も加えてみるのはどうでしょう。逆をつくることで表，式，グラフを相互に結びつける指導も大切にしたいものです。右の図を見てください。ここで取り上げたのは，Ａを基にして逆をつくるＢの部分ですね。これと同じようにして思考の種を蒔く指導は，他にも可能です。例えば，一次関数の表から式を求める指導Ｅをした後に，Ｆとして

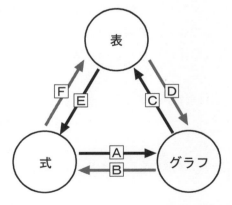

「逆もできるかな」，「次の式で表される一次関数の表はどれかな」と言っていくつかの表を示して子供に選択させ，なぜその表だと言えるのかを説明させてみるのです。

第2学年
第4章「図形の調べ方」

🌱【この単元で生かしたい主な思考の種】

・ 条件をかえる 平行線や角の性質などを結びつける
・ 同じようにする 図形の性質を導く方法を振り返り，異なる方法で導く
・ 改善する 証明を読んでわかりやすくしたり，誤りを正したりする
・ さかのぼる 証明の方針を立てる

　この単元で指導するのは図形の性質だけではありません。それを明らかにするためにはどのように考えて表現すればよいのかを指導することも求められています。思考の種を蒔く指導でその糸口を示し，子供が論理的に考察し表現する力を身に付けられるようにしたいのです。

小単元1　平行と合同（10時間）

1. 条件をかえる （→ 逆をつくる ）平行線や角の性質などを結びつける

　この小単元では，対頂角の性質や平行線の性質，平行線になるための条件，三角形の内角・外角の性質など，次の単元で図形の性質を証明する際に根拠として用いる事柄を数多く指導します。そのため「証明の準備」といった印象が強く，教える教師も知識のパーツを並べる指導に終始して，子供も受け身の学びになりがちです。そこで，条件をかえたり，逆をつくったりする思考の種を蒔く指導をすることで，図形の性質をネットワークで結んでみるのはどうでしょう。次のページの図を見ながら読み進めてください。

　ここでは，3直線の交点の数に着目して授業を進めます。まず図の(1)では，次の①〜③のような端緒の視点からの指導をします。

①3直線がつくる角に着目させる。

　　　　…「3直線が1点で交わると，角は全部でいくつできるかな」

②大きさが等しい角を見つけさせる。

　　　　…「6個の角のうち，大きさが等しい角はどれだろう」

③3直線の交わり方がかわっても，いつでも成り立つことかどうかに目を向けさせる。

　　　　…「これって偶然かな。それともいつでも成り立つことかな」

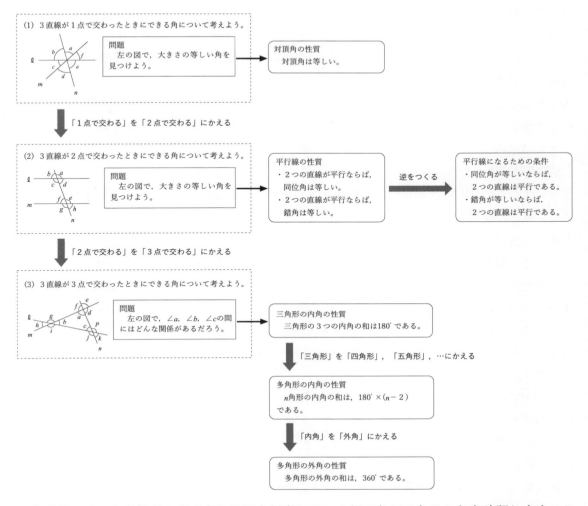

まず①では，3直線が1点で交わる図を板書して，6個の角ができることを確認します。この際，子供にも各自でノートに図をかくように指示すると，②や③の活動で見つけた性質の一般性に目を向けやすくなります。次に②では，分度器を使って6個の角の大きさを測らせ，大きさの等しい角を見つけさせます。子供が向かいあった角の大きさの等しいことを見つけたら③に入り，「3直線が1点で交わる図はいろいろかけるよ」，「これって，いつでも成り立つことかな」などと問い返してゆさぶりをかけるのです。そして，解決の視点からの指導で対頂角の性質を導きます。

図の(2)では，端緒の視点からの指導として「『3直線が1点で交わる』という条件を，『3直線が2点で交わる』にかえたらどうなるかな」と子供に問いかけます。この際，2点で交わる3直線の位置関係を見つけるために，ICTを活用して直線を動かしながら探っていきます。そして，平行な2直線に残った直線が交わった図を示し，できた8個の角の中から大きさの等しい角を見つけさせるのです。その際，対頂角を挙げた子供にはその理由を問い，「すごいな，

さっそく対頂角の性質を使ったんだね」のように評価するとよいでしょう。根拠を明らかにして説明することの練習です。子供が同位角や錯角の大きさが等しいことを見つけたら、(1)と同じように「それって、いつでも成り立つことかな」と問い返し、解決の視点からの指導で平行線の性質を導きます。そして、振り返りの視点からの指導として「平行線だと、同位角や錯角が等しくなることがわかったけれど、逆に同位角や錯角が等しいと2直線はいつでも平行になるのかな」と問いかけ、解決の視点からの指導で平行線になるための条件を導くのです。

　さらに図の(3)では、端緒の視点からの指導として「『3直線が2点で交わる』という条件を、『3直線が3点で交わる』にかえたらどうなるかな」と子供に問いかけます。(1)や(2)と同じように大きさの等しい角を見つけさせると、どれも対頂角の性質で説明できてしまいます。そこで、教師が誘導して三角形の内角の和に着目させ、「それって、いつでも成り立つことかな」と問い、解決の視点からの指導で三角形の内角の性質を導くのです。

　そして、振り返りの視点からの指導として「三角形の内角の和はわかったけれど、『三角形』を『四角形』や『五角形』にかえたらどうなるだろう」と問いかけ、解決の視点からの指導で多角形の内角の性質を導きます。さらにここでは続きがあります。再度、条件をかえる振り返りの視点からの指導として「多角形の内角の性質がわかったけれど、『内角』を『外角』にかえたら、どんなことがわかるだろう」と問いかけ、解決の視点からの指導で多角形の外角の性質を導くのです。

　いかがでしょうか。この小単元で指導する図形の性質は、それぞれ孤立しているわけではなく、条件をかえたり逆をつくったりすることで結びつき、ネットワークをつくることができるのです。「でも、ネットワークで結べると、どんなよいことがあるのか」と質問されそうですね。それが大いにあるのです。思考力、判断力、表現力等を育成するためには、子供がそのよさを理解し、自分も使ってみたいと思わせることが重要なのでした。教師の仕事はそのよさを子供に示してその気にさせることです。ここで取り上げた条件をかえたり逆をつくったりする指導は自然発生的に生まれるものではなく、教師が意図的に仕組んだものです。そしてそれを経験した子供に「条件をかえたり逆をつくったりすると、次々問題が見つかって面白いな」、「自分でも新しい問題を見つけられないかな」と思わせるためのものなのです。

2. （ 条件をかえる → ） 同じようにする 図形の性質を導く方法を振り返り、異なる方法で導く

　ここでは同じように考えて図形の性質が成り立つことを説明することの指導について考えてみましょう。ゼロからアイデアを生み出すことができない子供でも、うまくいった方法と同じようにすることで主体的に問題の解決に取り組むことができるようにしたいのです。

　例えば、この小単元で指導する三角形の内角の性質（三角形の内角の和は180°であること）について考えてみましょう。次のページの△ABCの場合、最初は頂点Cに3つの内角を集めて、その和が180°になることを説明します。定番の方法ですが、ここでは教師が子供とやりと

りしながら一斉指導で解
決し，子供が自力解決す
ることは求めません。

次に，「３つの内角を
集める頂点を別の頂点に
かえても説明できるか
な」，「頂点Ｃのときと同

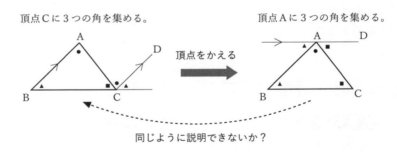

頂点Ｃに３つの角を集める。　　　　　頂点Ａに３つの角を集める。

頂点をかえる

同じように説明できないか？

じように，頂点Ａに集めて説明できるかな」と子供に問いかけます。ここで「同じように」と
は，頂点Ｃに３つの角を集めたときに次のようにして説明したことですね。

・頂点Ｃを通り，直線ＡＢと平行な直線ＣＤをひく。

・平行線の性質を使って∠Ａと∠Ｂを頂点Ｃに集める。

このことを解決のための見通しとして確認したら，各自で解決に取り組ませるのです。そし
て，２つの説明ができたら，共通点と相違点を明らかにします。共通点は３つの内角を１点に
集めるという発想ですね。相違点は平行線のつくりかたが異なることになります。そこで，振
り返りの視点からの指導として「３つの内角を集める点は頂点でなくてもよいのではないか」，
「例えば，△ＡＢＣの辺上の点に集めて説明することはできないかな」と問いかけ，各自で取
り組ませるのです。

こうした思考の種を蒔く指導についてお話しすると，「三角形の内角の和が180°であること
は１回説明すれば十分ではないか」と問われることがあります。私は複数の方法で説明するこ
とは，次の２つの意味で大切だと思っています。１つは同じようにすることで子供の主体的な
取組を促すためです。最初の問題（この例の場合，頂点Ｃに３つの角を集めること）を自分で
解決できなくても，条件をかえた問題は同じようにすることで解決できる子供が出てくるので
はないでしょうか。「同じようにすれば，自分でも問題が解けるかもしれない」という思いは，
今後の問題解決の場面で子供の背中を押してくれると思うのです。

大切だと考えるもう１つの理由は，子供が統合的に考えることを促すためです。この例では，
３つの異なる説明とも言えますが，同じように考えている点に共通するアイデアが生かされて
います。それは，平行線の性質を使えば角の大きさを変えずに意図した場所に移動できるとい
うアイデアです。ここでは，△ＡＢＣの３つの内角を，頂点Ｃにも Ａにも，辺上の点にも移
動することができました。同じように考えれば，△ＡＢＣの内部の点や外部の点にも移動する
ことができますね。まだまだ説明の方法はありそうです。異なる説明のように見えても，同じ
ようにしていることに着目することで統合的に捉え直すことができます。また，同じようにし
ていることは今後の学習の既習事項になるのです。この例の場合，平行線の性質を使えば角の
大きさを変えずに意図した場所に移動できるというアイデアは，この後，星形五角形のとがっ
た部分の角の和について子供に考えさせる際にも，既習事項として活用させたいですね。なお，

この小単元で指導する多角形の内角の和の性質も，条件をかえて同じように考えることが有効な場面であることは明らかでしょう。

小単元2　証明（5時間）

1.　改善する　証明を読んでわかりやすくしたり，誤りを正したりする

(1) わかりやすい証明に改善する

　この小単元では，基本的な図形の性質を前小単元で指導した平行線や角の性質などを基にして説明することについて指導します。図形の性質を証明することの第一歩で，次の単元で三角形や四角形の性質を証明するための準備段階でもありますね。証明の指導では「子供が証明を書けるようにしたい」と考える教師が多いでしょう。でも最初に取り組むべきことは，子供が証明を読めるようにする指導です。書けるようにするためには，まず読めるようにして，子供が「証明って，こういうふうに書けばいいんだな」と理解できるようにすることを大切にしたいのです。では，「証明を読むことができる」とはどういうことでしょう。声に出して音読できることではありませんね。一言で言えば，証明のストーリーを理解することができるということです。そのために役立つのが，改善しながら考えるという経験です。ここでは，図形の性質を証明する問題を示して，次の①〜④のような解決の視点からの指導と共有の視点からの指導で授業を展開することを考えてみましょう。

　①証明するための見通しを立てさせる。

　　　　　…「仮定と結論は何かな」，「何がわかれば結論を導くことができるかな」

　②不十分な証明を示す。…「先生はこんなふうに証明してみたんだけれどどうかな」

　③不十分な証明をわかりやすくなるように改善させる。

　　　　　…「どこをどんなふうに改善すれば，わかりやすい証明になるかな」

　④③の指摘事項を参考にして改善した証明をつくらせる。

　　　　　…「先生の証明をわかりやすい証明にしてみよう」

　次のページの図は，この授業の板書をイメージしてまとめたものです。以下，これを見ながら読み進めてください。①では図の ① に示した問題を取り上げて一斉指導で解決の見通しを立てます。証明の指導では，初期の段階から子供が証明に取り組む前に「どうすれば証明できそうか」を考えて見通しを立てる習慣を身に付けられるようにします。これを受けて，次の2で

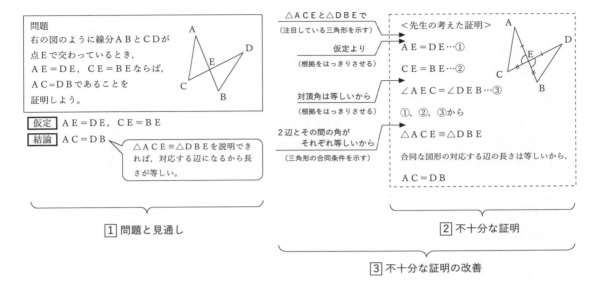

$\boxed{1}$ 問題と見通し　　　$\boxed{2}$ 不十分な証明

$\boxed{3}$ 不十分な証明の改善

「方針」としてフォーマットを明確にします。

　そして②では「先生が考えた証明」として図の$\boxed{2}$の不十分な証明を示し，各自でじっくり読ませます。しばらくしたら，気がついたことを自由に発言させます。例えば「どうして，∠AEC＝∠DEBなのかわからない」といった発言に対し「それは対頂角が等しいからだよ」といった意見が出れば，これを教師が受けて「そういうことも証明の中に書いて，読む人にわかりやすくできないかな」と問いかけ，③の指導に入ります。ここで学習の目標を「証明すること」から「証明を読んでわかりやすくなるように改善すること」に切り替えるのです。先ずは各自で考えさせます。「先生が考えた証明」の各行の間隔を広めに取って印刷したワークシートを配付して，自由に書き込ませてもよいでしょう。この際に大切にしたいのが，「何を書き加えるのか」と共に「なぜ書き加えるのか」も考えさせることです。これによって証明する図形の性質がかわっても，証明を書くときに何を大切にする必要があるのかがわかります。子供が一通り書き込むことができたら，共有の視点からの指導に移り，子供の意見を基にして「先生の考えた証明」を改善していきます。図の$\boxed{3}$では矢印で書き加え，上側に「何を書き加えるのか」，下側に「なぜ書き加えるのか」を示しました。

　③を受けて④では，子供にわかりやすく改善した証明をノートに書かせます。ここではゼロから，各自で書かせてみます。そして，できた証明を「先生が考えた証明」と比べさせて，何をどのように改善したのかを確認するのです。この授業を受けたある子供が「証明を改善するって，人に優しい証明をすることだね」と言ってくれました。まさしくその通り。証明を書くときは読み手を意識して欲しいという思いが伝わったようで安心しました。

　もうわかったと思いますが，この授業では教師が不十分な証明をどのようにつくるかが重要なポイントです。「証明を書く際には，こうしたことに気をつけて欲しい」と考えたことを不

十分な証明にはあえて書かず，子供に補わせることでその大切さに気付かせたいのです。この例では，根拠を示すことの大切さを意図した設定にしてみました。また，どの程度不十分にするかは，指導する子供の学習の実態に応じて調整するとよいでしょう。

(2) 誤りを正して証明を改善する

　子供が証明を読めるようにするために改善することを生かした指導は，他にも考えられます。ここでは，「証明を読むことができる＝証明の誤りを改善することができる」という発想で思考の種を蒔く指導を考えてみましょう。次の①〜③のような解決の視点からの指導と共有の視点からの指導で授業を展開してみるのです。

①問題と誤った証明を示す。…「先生はこんなふうに証明してみたんだけれどどうかな」

②証明の誤りとその理由を考えさせる。

　　　　　　　　　　　…「どこが誤っているんだろう」，「なぜ誤りなんだろう」

③正しい証明に改善させる…「正しい証明に改めるにはどうすればよいかな」

　ここでは，「線分ＡＢとその垂直二等分線 ℓ の交点をＭとする。ℓ 上に点ＰをとるとＰＡ＝ＰＢであることを証明しよう」を問題として，(1)と同じように証明の見通しを立てた段階から考えてみましょう。下の図は，この授業の板書をイメージしてまとめたものです。以下，これを見ながら読み進めてください。

　①では，解決の視点からの指導として図の $\boxed{1}$ の「先生が考えた証明」を示し，各自でじっくり読ませます。(1)の②と同じような展開ですね。教師は「前回の授業（上述した(1)の授業）

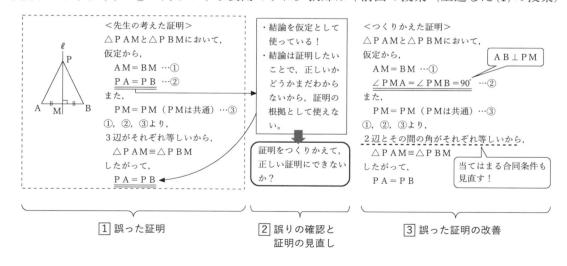

で学習したことを生かして証明したから完璧だと思うけれど，どうかな」などと自信たっぷりに付け加えます。しばらくしたら周囲の仲間と情報交換させて，誤りに気付いた子供が出てきたら②に移ります。

　②では共有の視点からの指導として「先生の考えた証明に間違えがあると言っている人がいるけれど，本当かな」と問いかけて，子供に自由に指摘させます。この際，証明の誤っている部分とその理由を子供から引き出し，図の②のようにまとめます。

　これを受けて③では再度解決の視点からの指導です。教師が「先生が一生懸命考えた証明なのだけれど，何とかならないかな」などと困ってみせて，正しい証明に改めるにはどうすればよいかを考えさせます。子供が改善の方法を見つけられないときは，最初に立てた見通しに戻って，ＡＢ⊥ＰＭであることを確認するとよいでしょう。またその結果，適用する三角形の合同条件も見直す必要があることを指導します。

　ご存じの方も多いと思いますが，ここで取り上げたのは平成19年度の学力調査「数学Ｂ」④の問題で，調査結果によると，証明の誤りを指摘できた子供のうち80.5％が，誤った証明を改善して正しい証明を書くことができています。証明の指導では，ゼロから書かせることにこだわり過ぎず，与えられた情報を読み取らせることから始めることも考えてみましょう。その過程で証明のポイントを理解させることもできそうです。そのためにも思考の種を蒔く指導として改善することを役立てることも大切にしたいのです。

2.　さかのぼる　証明の方針を立てる

　1では，改善することを通して子供が証明を読むことができるようにする指導について考えました。次は子供が自ら証明できるようにすることを目指しますが，その足がかりとなるのが証明の方針を立てることです。学習指導要領解説でも「証明の方法について理解するためには，証明の方針を立て，それに基づいて証明をすることが大切である」と説明されています。証明の方針に決まったフォーマットがあるわけではありませんが，問題で与えられた仮定などを前提に結論に向かって考えることと，結論からさかのぼって考えることを相互に結びつけようとするロードマップ，それが証明の方針だと言えるでしょう。

　図形の性質を証明する授業で，子供に問題で与えられた仮定などを確認させ，結論に向かって考えさせない教師はいないでしょう。でも，結論からさかのぼって考えることはどうでしょうか。さかのぼって考えることで説明のターゲットがよりわかりやすくなり，前進して何を目指すのかが明確になることがあります。

🌱【この単元で生かしたい主な思考の種】

・ きまりを見つける 帰納的に考えて図形の性質を予想する
・ さかのぼる 方針を立てて証明する
・ 比べる 同じ図形の性質の異なる証明を比較する
・ 逆をつくる 図形の性質の逆を考える
・ 同じようにする 三角形と同じように四角形について学ぶ

> この単元では，前単元で指導した図形の性質などを根拠にして，子供が三角形や四角形の性質を論理的に考察し表現できるようにすることを目指します。そのために，思考の種を蒔く指導で，子供が主体的に考えるための視点を身に付けられるようにしたいのです。

小単元1　三角形（7時間）

　小単元1では，三角形を考察の対象としてその性質について指導しますが，思考の種を蒔く指導としては，次の小単元2で取り上げる四角形の場合と共通する部分が少なくありません。そこで以下では，小単元1を中心にしながら関連する部分は小単元2まで見通して，思考の種を蒔く指導について考えてみましょう。

1. きまりを見つける 帰納的に考えて図形の性質を予想する

　この小単元では，三角形の性質を演繹的に考えて確かめることについて指導しますが，確かめる内容を帰納的に考えて予想することの指導も大切です。教師が「〜を証明しなさい」と一方的に問題を与え，やらされ感満載の子供がそれに取り組むような授業では子供の主体性は育まれないからです。例えば二等辺三角形になるための条件「2つの角が等しい三角形は二等辺三角形である」を題材に，次の(1)〜(4)のようなきまりを見つけて予想する端緒の視点からの指導を考えてみましょう。

(1)　2つの角が等しい三角形をかかせる。

　　　　　　　　　　　　…「ノートに条件に当てはまる三角形をかいてみよう」

(2)　かいた三角形が二等辺三角形かどうか確かめさせる。

　　　　　　　　　　　　…「かけた三角形は二等辺三角形かな」

(3) 全体で予想を立てる。…「２つの角が等しい三角形は二等辺三角形かな」

(4) 問題を明らかにする。…「いつでも成り立つことを証明できるかな」

　(1)では，４で説明するように「二等辺三角形の２つの底角は等しい」ことの逆をつくり，「２つの角が等しい三角形は二等辺三角形かな」と問いかけ，子供に条件に当てはまる三角形をかかせます。例えば，底辺になる線分だけが印刷されたワークシートを配付し，分度器を使って自由に角度を決めさせて三角形をかかせてみるとよいでしょう。

　これを受けて(2)では，かけた三角形が二等辺三角形かどうかを実測で調べさせます。子供が二等辺三角形であることを確かめられたら(3)に移り，「二等辺三角形になりそうである」という予想を立てます。ここで注意したいのは，(2)までの作業で既に「二等辺三角形である」と判断している子供がいることです。「みんなでたくさんの三角形で調べたからもう十分」と考えている子供は少なくありません。そうした子供には「本当にそうかな」，「ここで確かめたいのは，どんな２つの角が等しい三角形をつくっても，必ず二等辺三角形になるかどうかということなんだ」，「先生が新しく２つの角が等しい三角形をかいたら，辺の長さを調べてみないと二等辺三角形かどうかわからないね」，「２つの角が等しい三角形は無限につくれるけど，頑張ってみるかい」などと問いかけて考えさせます。この単元のキーワード「いつでも」，「どんな〜についても」などを用いて，予想することと証明することの違いを子供が意識できるようにしたいのです。そして(4)では，予想したことを証明するという問題を明らかにして，解決の視点からの指導に移ります。

　この単元には，子供がきまりを見つけて図形の性質を予想するのに適した場面が他にもたくさんあります。例えば，小単元２で指導する平行四辺形になるための条件はその代表でしょう。自ら問題を見いだすことができる子供を育てるためには，考察の対象からきまりを見つけて予想を立てられるようにすることが大切です。「おそらく，こんなことが成り立つのではないか」と予想した子供はそれを確かめてみたくなり，問題の解決にも主体的に取り組むことができるのではないでしょうか。

2.　さかのぼる　方針を立てて証明する

　この単元では，前単元で指導した証明の方針を本格的に活用します。原則として図形の性質を証明する授業では，証明する前に方針を立てるようにするのです。そして，方針を立てる過程で子供がさかのぼって考えられるようにすることを大切にしたいのです。問題を提示した後の解決の視点からの指導は，次の(1)，(2)のようになります。

（1）一斉指導で証明の方針を立てる。…「このことを証明するための方針を立ててみよう」

（2）各自で証明に取り組ませる。…「この方針を参考にして証明してみよう」

　ここでは，この小単元で指導する「二等辺三角形の2つの底角は等しいことを証明しよう」を問題として考えてみましょう。下の図は，この授業の板書をイメージしてまとめたものです。以下，これを見ながら読み進めてください。

　（1）では，図のアのように問題の内容と証明すべき命題の仮定と結論を確認したら，子供の関心を証明の方針に向けます。前単元でも説明した通り，この段階では子供に証明の方針を立てることを求めていません。教師が教えることにしっかり関わって，子供とやりとりしながらまとめていきます。証明の方針に決まったスタイルがあるわけではありません。ここでは図のイのように，①〜⑥の順で方針を立てていきます。①と②は通常の板書の通り上から順に書きますが，③〜⑥はさかのぼって考えることが子供にもイメージしやすいように，下から順に書いていきます。この問題では⑤から⑥にさかのぼるところがポイントですね。教師が「困ったね。合同になりそうな三角形がないね」，「どうしたらいいかな」，「合同になりそうな三角形をつくることはできないかな」などと問いかけて，子供から引き出したいところです。補助線の引き方について，「補助線はひらめきで引くもの」と思っている子供は（そして教師も）少なくありません。さかのぼりながら方針を立てるようになると，補助線は思いつきではなく，ある目的のために意図的に引かれていることがわかるようになります。ここでは図のイのように2つの案が出てきたことを想定しています。これについては，次の3で取り上げることにして，ここでは案1を採用して先に進めます。なお，図のイでは三角形の合同条件を子供に考えさせる設定にしていますが，学習の実態に応じて，どの三角形の合同条件を適用できそうかまで全

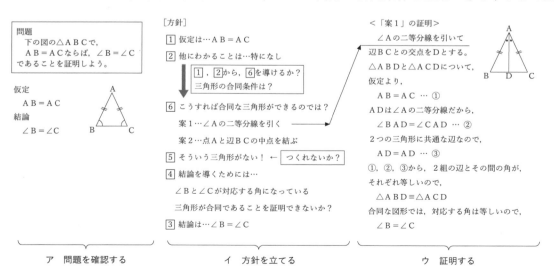

094

体で確認してもよいでしょう。①と②から⑥を導くことを確認したら方針は完成です。なお，証明の方針は黒板に板書してもよいですが，ICT を活用してモニタやスクリーンに提示することも考えられますね。

　次は(2)に移り，子供に各自で証明に取り組ませます。図のウの証明が完成したら，共有の視点からの指導として全体で確かめます。この際，図のイの証明の方針と比べて，その対応関係を確認するのです。案1のように補助線を引いたことで，合同な三角形をつくれたことが子供にもわかるでしょう。このようにして，これ以降，小単元1はもちろん小単元2でも，図形の性質を証明する場面では「証明の方針を立てる→それを基にして証明する」という流れで授業を進めます。何回も繰り返すことになりますから，ある程度慣れてきたら教師のサポートをやめて，子供に自力で証明の方針を立てさせることも考えてみましょう。あなたが指導する子供なら，どの指導内容から任せられそうですか。

3.　比べる　同じ図形の性質の異なる証明を比較する

　証明を書くことは目的ではなく，それを通して図形の性質が成り立つことを理解したり，説明したりするための手段です。書くことばかりにとらわれず，証明を読むことも大切にした指導を心がけたいものです。そして，その際に取り入れたいのが，子供に複数の証明を比べて考えさせる指導です。例えば，2で取り上げた二等辺三角形の2つの底角が等しいことの証明では，前ページの図に示した通り，方針を立てる過程で2通りの証明が示唆されました。授業では「案1」を採用して証明しましたが，その後の適用問題として「案2」を取り上げ，各自で証明させてみたらどうでしょう。もちろん「案2」でもちゃんと証明できることがわかります。そこで，2つの証明を比べて考える振り返りの視点からの指導をしてみるのです。相違点としては，補助線の引き方や適用している三角形の合同条件などが読み取れればよいでしょう。共通点としては，合同な三角形をつくって対応する角が等しいことを活用している点を指摘させたいですね。方針の立て方を振り返って確認したいところです。単純なことのようですが，どれも2つの証明を比べて考えたからこそ読み取れることです。もしかしたら「点Dと辺BCの中点は同じ点なのではないか」ということに気がつく子供が出てくるかもしれません。そんなときは「どうすればそのことを説明できるかな」と問い返して，子供の考えを深めましょう。

　比べることで，子供は問題の解決方法が1つとは限らないことに気付くことができます。問題を解こうとしてうまくいかないとき，「待てよ，他の方法があるのではないかな」と粘り強く考えるための原動力になるわけです。また，比べることは，それぞれの解決方法の特徴を捉えやすくしてくれるので，考えることの面白さが伝わりやすくなるのではないでしょうか。ただし，図形の性質の証明を子供に比べて考えさせる指導には時間を要します。教師が単元全体の指導時間を考えて，適切な場面を設ける必要がありますね。

4. 逆をつくる （→ 条件をかえる） 図形の性質の逆を考える

　前単元に続きこの単元でも，指導する図形の性質を逆をつくったり条件をかえたりすることで結びつける指導を心がけたいものです。一見，ばらばらに思える図形の性質を思考の種を蒔く指導で連鎖的に導くことで，子供に自ら「次はどうする」を考えることの面白さを伝えたいのです。そのためには，逆をつくったり条件をかえたりすることのよさを伝える教師の意図的な指導が必要なのでしたね。この小単元では，二等辺三角形と正三角形について，次の(1)〜(4)のような指導で思考のネットワークをつくることができそうです。次のページの図を参考にしながら読み進めてみてください。

(1) 二等辺三角形を定義する。…「二等辺三角形がどんな三角形か，説明できるかな」

(2) 既習事項を振り返り，二等辺三角形の性質を証明する。
　　　　　　　…「小学校では二等辺三角形についてどんなことを学んだかな」

(3) 逆をつくって二等辺三角形になるための条件を証明する。
　　　　　　　　　…「二等辺三角形の性質の逆をつくるとどうなるかな」

(4) 二等辺三角形から正三角形に目を向けさせる。
　　　　　　　　　…「『2つの辺』を『3つの辺』にかえたらどうなるかな」

　(1)では子供とやりとりしながら二等辺三角形を定義し，(2)では図の①で端緒の視点からの指導として，小学校での学習を振り返らせます。「二等辺三角形では2つの角の大きさが等しい」ことを引き出したら底角を定義して，「どんな二等辺三角形でも底角は等しいのかな」などとゆさぶりをかけて解決の視点からの指導に入り，二等辺三角形の性質を証明します。

　これを受けて(3)では図の②で振り返りの視点からの指導として「二等辺三角形の性質の逆をつくったらどうなるかな」と問いかけて，再度解決の視点からの指導で証明に取り組ませます。この小単元では，用語としての「逆」を指導しますが，1年生のときから逆をつくりながら考えてきた子供には，この例のように命題の仮定と結論を入れ換えることは違和感なく受け入れられるのではないでしょうか。

　そして(4)では，二等辺三角形の定義に戻り，図の③で端緒の視点からの指導として，二等辺三角形の「2つの辺」を「3つの辺」にかえたらどうなるかを問うのです。子供から「正三角形になる」という意見が出てきたら，(1)〜(3)と同じ流れで図の④と⑤のように正三角形について指導します。ただし，同じ考え方で授業を進めるのですから教師は一歩後ろに下がって，「次は何を考えようか」と問いかけることで，子供に授業の流れをつくらせたいですね。

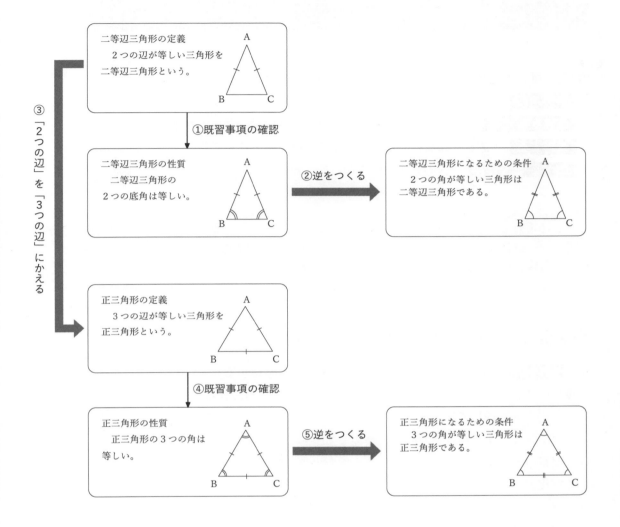

小単元2　四角形（10時間）

1. 同じようにする　三角形と同じように四角形について学ぶ

　小単元2では，四角形を考察の対象としてその性質について指導しますが，思考の種を蒔く指導としては三角形の場合と同じようにすることができる部分が少なくありません。例えば，小単元1の4で考えた図形の性質の逆を考えることは，この小単元で平行四辺形について指導する際にも同じように展開することが可能です。このように，繰り返して思考の種を蒔く指導ができることについては，単元全体を通して意図的にその機会をつくり，教師は徐々に手を引いて子供が主体的に取り組む機会を増やしていくことを考えたいですね。自分が指導する子供の学習の状況を見て，その塩梅のできる教師が指導力の高い教師なのではないでしょうか。

【この単元で生かしたい主な思考の種】

・ 整理する 場合の数や，分布の傾向を把握するためにデータを整理する
・ 条件をかえる 問題の条件をかえて起こりやすさに違いがあるか考える
・ 改善する 不確定な事象について，判断の根拠を明確にして説明する
・ 比べる 複数のデータの分布の傾向などを比較する

　この単元では第1学年の「データの活用」領域と同様に，確率と統計についての内容を指導します。既習事項との結びつきを大切にしながら，子供が不確定な事象の起こりやすさやデータの分布の傾向を読み取り判断できるように，思考の種を蒔く指導を継続させたいものです。

小単元1　場合の数と確率（4時間）

1．整理する 場合の数を把握するためにデータを整理する

　場合の数による確率の指導では，子供が場合の数を求められることが重要です。子供が起こり得る場合を整理して考えること自体が，解決の視点からの指導のポイントになるのです。ところが，起こり得る場合を順序よく整理して落ちや重なりがないように数え上げることの指導は，現行の学習指導要領では小学校第6学年の内容です。中学校で場合の数による確率を指導する前提として，小学校で場合の数がどのように指導されているのかを理解しておく必要があります。

　小学校では，場合の数を「組み合わせ方」と「並べ方」に分けて指導しています。組み合わせと順列の考え方ですね。そして，それぞれを数え上げるための道具として図や表を指導し，子供がそれをつくって整理することができるようにしているのです。中学校で指導している樹形図は，その名称は用いないものの並べ方を数え上げるための道具として小学校でも指導しています。ですから，中学校で確率を求めるために起こり得る場合を順序よく整理するときには，
　　・組み合わせ方と並べ方のどちらで考えようとしているのか。
　　・それを整理するにはどのような道具を用いることが適切なのか。
を子供が考え判断できるようにすることが大切です。

2．条件をかえる （→ 比べる ）問題の条件をかえて起こりやすさに違いがあるか考える

　解決した問題の条件をかえて新たな問題を見いだすことで発展的に考察することは，知識や

技能を指導する場面でも有効です。例えば，「大小２つのさいころを投げるとき，同じ目が出る確率を求めよう」を問題として取り上げ，次の(1)～(3)のような解決の視点からの指導と振り返りの視点からの指導をしてみるのはどうでしょうか。

(1) 解決の見通しを立て，確率を求めさせる。

…「場合の数を求めるにはどうすればよいだろう」

(2) 条件をかえて新しい問題を設定する。

…「問題の『同じ目』を『違った目』にかえたら，確率はどうなるだろう」

(3) ある事柄の起こる確率と起こらない確率に目を向けさせる。

…「２つの問題の場合の数と確率を比べると，どんなことがわかるだろう」

(1)は解決の視点からの指導で，見通しを立てる場面です。１で取り上げた，起こり得る場合を順序よく整理して場合の数を求めることになりますね。これを受けて(2)では，振り返りの視点からの指導として，解決した問題の「同じ目が出る」を「違った目が出る」にかえたら結果がどうかわるかを子供に問いかけます。(1)でつくった表をそのまま使って場合の数を求めることができますから，各自で解決させたいところです。

そして(3)では，(1)と(2)の問題解決の過程と結果を比較して余事象について指導するのです。このように，条件をかえて考えさせることで，子供が「（事柄Ａの起こらない確率）＝１－（事柄Ａの起こる確率）」であることに気付くきっかけをつくることができます。

3. 改善する 不確定な事象について，判断の根拠を明確にして説明する

この小単元では，子供が確率を用いて不確定な事象の起こりやすさを捉え考察し表現できるようにする指導も求められています。そこで，下のような問題を取り上げた授業を考えてみましょう。

> 問題　５本のうち２本の当たりが入っているくじを，ＡさんとＢさんの２人が引くとき，引く順番によって当たりやすさに違いがあるかどうか説明しよう。ただし，引いたくじはもとにもどさないことにする。

もちろん，子供にゼロから考えさせて説明をさせてもよいのですが，次の(1)～(3)のように，与えられた説明をよりよいものに改善する解決の視点からの指導をすることもできます。

(1) 結果を予想させ，解決の見通しを立てる。

    …「当たりやすさに違いがあるかな」，「どうやって確かめればよいだろう」

(2) データを整理して場合の数を求める。…「樹形図をつくって場合の数を求めよう」

(3) 教師の考えをよりよい説明に改善させる。

    …「こんなふうに説明すればいいんじゃないかな」

(1)では，子供に結果を自由に予想させて問題を解決するための見通しを立てます。2で取り上げた整理して考えることの出番ですね。この場合，AさんとBさんの引く順番を考えるので並べ方になりますから，樹形図を使って整理することに決めます。これを受けて(2)では，教師が子供とやりとりしながら，AさんとBさんのくじの引き方を樹形図をつくって整理します。もちろん，子供に各自で取り組ませてもよいでしょう。樹形図ができあがったら(3)に移り，例えば次のような不十分な説明を教師の考えとして示すのです。

「樹形図から，Aさんが当たりを引く場合の数は8通りで，Bさんが当たりを引く場合の数も8通りだから，2人の当たりやすさに違いはない」

実はこの説明，私がある中学校で参観させてもらった授業の中で実際に子供から出てきたものです。確率が全く使われていませんが，発表を聴いていた子供からは特に異論は出ませんでした。あなたの学級だったらどうでしょう。「当たりを引く場合の数が8通りである」ということは，不確定な事象としてのくじの当たりやすさについては何も言及していませんね。ただ8通りの場合があるというだけです。これに対して，「全部で20通りのうち8通りだから，当たりを引く確率が$\frac{2}{5}$である」ということからは，このくじ引きを2人で多数回繰り返すと，それぞれが当たりを引く回数が全回数の40%に近づくという意味で当たりやすさに違いはないと考えることができます。(3)では，上述した教師の考えの不十分さを子供に指摘させ，次のように改善したいわけです。

「樹形図から，2人がくじを引く場合の数は全部で20通りである。このうち，Aさんが当たりを引く場合の数は8通りだから，Aさんが当たりを引く確率は$\frac{8}{20}=\frac{2}{5}$である。また，Bさんが当たりを引く場合の数も8通りだから，Bさんが当たりを引く確率も$\frac{8}{20}=\frac{2}{5}$である。したがって，2人が当たりを引く確率は等しいので，2人の当たりやすさに違いはない」

なぜ場合の数ではなく確率を基にして判断するのか。改善する活動を通して，子供に確率の必要性と意味を再確認させることができるのではないでしょうか。

小単元2　箱ひげ図（3時間）

1.　比べる　複数のデータの分布の傾向などを比較する

(1) 複数のデータを比べる

　この小単元では，統計についての内容を指導します。ここで目指すのは，子供が四分位範囲や箱ひげ図を用いてデータの分布の傾向を比較して読み取れるようにすることですね。ここでは，比べること自体が重要な指導内容になります。第1学年で指導したヒストグラムは分布の形状はわかりやすいのですが，中央値などの指標は捉えにくいという弱点があります。また，比較したいデータが2つや3つ程度であれば，ヒストグラムを並べて分析することもできますが，データの数がそれ以上に増えると，分布の様子を比較することが難しくなります。箱ひげ図はこうした点を補い，複数のデータの分布の傾向を視覚的に比較しやすくする統計的な表現方法です。従って，ここでは4つ，5つ，…といったデータを比較の対象とし，子供が箱ひげ図を用いてその共通点や相違点を見いだすことができるようにしたいのです。

　箱ひげ図を用いて複数のデータの共通点や相違点を見いだすための視点として子供に身に付けさせたいのが，箱とひげのそれぞれについて位置と長さを捉えることです。箱とひげの端に着目すると，中央値や最大値，最小値など統計的な指標が読み取れます。また，箱とひげの位置と長さに着目するとデータのおよその分布の傾向がわかります。

(2) ヒストグラムと比べる

　箱ひげ図からはデータのおよその分布の状況が読み取れますが，より詳細な分布の傾向を捉えるためにはヒストグラムが役立ちます。つまり，箱ひげ図は数多くのデータの分布の傾向をおおまかに比較するのには役立ちますが，さらに細かな部分まで比較するためにはヒストグラムが必要になるわけです。箱ひげ図とヒストグラムは相互補完的な関係にあるといってもよいかもしれませんね。私はこのことを「ざっくり箱ひげ図，しっかりヒストグラム」と呼んでいます。数多くのデータを箱ひげ図で比較して，子供が「このデータ，他のデータと分布の傾向が少し違うのではないか」と気付いたら，データをヒストグラムで整理し直させてみましょう。そして，箱ひげ図と比べてみることで，なぜ他のデータと分布の傾向が違うと感じたのか，その理由を明らかにさせるのです。

🌱【この単元で生かしたい主な思考の種】

・ 整理する まだ計算できない式を見つけ出す
・ 学んだ形にする 既に計算できる式にする
・ 同じようにする 公式を使って計算をスピードアップする
・ 逆をつくる 展開の計算を逆にたどって因数分解する

> この単元では式の展開と因数分解について指導します。この後に指導する二次方程式の解法等でも必要になりますから式操作への習熟が求められますが，計算練習の繰り返しでは子供の主体的な学びはなかなか生まれません。思考の種を蒔く指導をどう展開するかを考えましょう。

小単元1　展開と因数分解（13時間）

1． 整理する まだ計算できない式を見つけ出す

　文字式の単元は中学校数学科の各学年に設定されていて，この単元がいよいよその最終段階です。系統性を大切にしたスパイラルな指導で子供の計算技能を高めてきましたが，ここでちょっと立ち止まってみるのはどうでしょう。これまでの学習の成果を振り返り，これからの学習の見通しを立てるために整理して考える端緒の視点からの指導をしてみるのです。例えば，次の(1)〜(3)のような展開が考えられるのではないでしょうか。

(1) まだ計算できない式に目を向けさせる。

　　　　　　　…「まだ計算の仕方を知らない式には，どんなものがあるかな」

(2) 表に整理して，まだ計算できない式を探させる。

　　　　　　　…「表を使って，計算の仕方を学んでいない式を探してみよう」

(3) これから計算の仕方を考える式を明らかにする。

　　　　　　　…「この式はどうやって計算すればいいのかな」

　(1)では，これまでに様々な文字式の計算について学んできたことを確認して，まだ計算の仕方を知らない式があるのではないかと問いかけます。そして(2)では，次ページの図のよう

な表を提示して，既習の文字式の計算を整理しながら計算の仕方を学んでいない式を探させるのです。

　この表には2つの役割があります。1つは子供が2年生までに学習した文字の式の計算を整理して，まだ学習していない計算を見つけ

	− 5	2a	2a − 1
4	ア	イ	ウ
− 3a	エ	オ	カ
3a + 2	キ	ク	ケ

出すことです。子供には表を印刷したワークシートを配付するとよいでしょう。表の左端の列と一番上の行には，例えば上に示したような数，単項式，多項式を入れておきます。そして「まず加法から調べてみよう」と伝えて表の左上隅の欄に「＋」と記入し，ア〜ケの計算をしていくわけです。計算の結果だけではなく最初の式と式変形の経過を必ず書くように指示します。そのために配付するワークシートでは上の表をA4判の紙全体を使う程度の大きさにして，計算の経過を記入するスペースを確保するとよいでしょう。

　こうして進めていくと，「これはどうやって計算すればいいんだろう」という式が出てくるのは，乗法について調べる段階です。例えば，クの欄には $(3a+2)\times 2a$ という式が入ります。これは子供にとってはじめて出会う式ですね。そこで(3)でその計算方法に着目させ，解決の視点からの指導に入るのです。このように表を使って文字式の計算を整理することで，現在の自分の立ち位置，つまりできることとできないことが明確になります。そして，できないことからは「どうすれば，今までと同じように計算できるようになるんだろう」という問いが生まれてくるのです。その解決の指導については，次の2で考えることにしましょう。

2. 学んだ形にする　既に計算できる式にする

　1の端緒の視点からの指導で「$(3a+2)\times 2a$ はどうやって計算すればよいだろう」を問題としたとして，解決の視点からの指導について考えてみましょう。例えば教師が「同じ表の中の計算を参考にして考えられないかな」と問いかけたらどうでしょう。同じ表のクの左の欄（キの欄）を見ると，

$$(3a+2)\times(-5) = 3a\times(-5) + 2\times(-5) = -15a - 10$$

と記入されています。「式の形が似ているな」と気付く子供もいるのではないでしょうか。1の(1)で「この表には2つの役割があります」と説明しましたね。この表のもう1つの役割は，子供が異なる欄に記入された式の類似点に気付き，まだ計算できない式を既に計算できる式の形にすることで，計算の仕方を考えられるようにすることです。この場合は，次の(1)〜(3)のようになるでしょうか。

　(1) $(3a+2)\times(-5)$ の計算では，分配法則 $(a+b)c = ac+bc$ を使っている。

（2）（$3a+2$）×$2a$でも分配法則を使えるようにできないか。

（3）$2a=$Ｍと置き換えて，（$3a+2$）×Ｍという形の式にすれば分配法則が使える。

　この（1）～（3）の発想は，この小単元のその後の学習でも役に立ちます。この表を使った授業では，次にケの欄に記入される式（$3a+2$）×（$2a-1$）の計算について考えますが，同じように指導できることは明らかでしょう。学習指導要領には，この単元の学習を通して子供が身に付けるべき思考力，判断力，表現力等として，「既に学習した計算の方法と関連付けて，式の展開や因数分解をする方法を考察し表現すること」が示されています。「学んだ形にすることはできないか」と考えることは，既に学習した内容と関連付けて問題を解決するために役立つ考え方なのです。なお，ここで取り上げた「（$2a-1$）をＭと置き換える方法」を，私は「缶詰法」と呼んでいます。缶詰は外から中身が見えませんね。（$3a+2$）×（$2a-1$）の計算では，（$2a-1$）をＭの缶に詰めることでひとまとまりにして分配法則を適用できる形にしました。これに対して「（$2a-1$）をそのままひとまとまりとみる方法」を「瓶詰法」と呼んでいます。瓶詰は缶詰同様，中身をひとまとまりにしますが，外から中身が見えるのが特徴です。授業では，まず学んだ形にすることを大切にして缶詰法で指導しますが，子供が慣れてきたら徐々に瓶詰法に移行します。下の図からもわかるように，瓶詰法の方が缶詰法よりも計算のステップがいくらか簡略化されるからです。

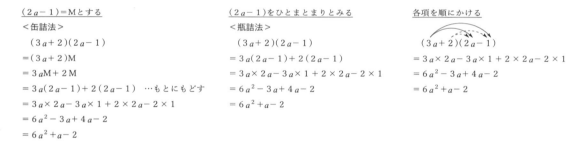

　そして，子供が瓶詰法にも慣れてきたら，上の図の一番右に示したように，2つの多項式の各項を順に組み合わせて計算する方法を指導し，3つの計算の方法を比較してみるのです。すると，実は同じ考え方に基づく式変形を徐々にスピードアップしていることがわかりますね。この単元で指導する文字式の計算の背後には「どうすれば，より手際よく式変形ができるか」という問題意識があります。教師はそれを子供が学習の原動力にできるように指導したいのです。この点については，次の3でも考えてみることにしましょう。

3. 　同じようにする　（→　比べる　）公式を使って計算をスピードアップする

　一般に「公式」とは，数量などの間に成り立つ関係を言葉の式や文字式で表現したもので，子供にとっては暗記の対象になっていることが少なくありません。でも本来は，ある計算を迅速に行うためのツールのはず。ここでは展開の公式についてそのことを感じてもらうために，

同じようにして考える端緒の視点から
の指導をしてみるのはどうでしょう。

　例えば，右の図のように「① $(a+b)^2$」
と「② $(x+7y)^2$」の2つの式を取り
上げたとしましょう。復習として2つ
の式を展開させたら，端緒の視点から
の指導として，①と②の式を見比べて，
「②を展開するとき，①で導いた式と
同じようにして計算できないかな」，
「『x』を『a』，『$7y$』を『b』として

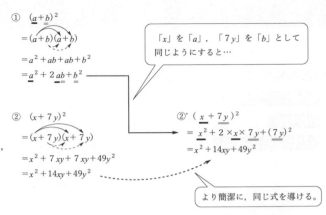

①の計算結果の『$a^2+2ab+b^2$』と同じようにすると，②はどうなるかな」と問いかけ，子
供に各自で式を求めさせます。そして，子供が式をつくることができたら，②'のように板書
して全体で確認するのです。

　これを受けて，共有の視点からの指導として②と②'の式変形を比べてみます。まず共通点
として，②も②'も最終的には同じ式になっていて，どちらで計算しても同じ結果が得られる
ことがわかります。また相違点として，②より②'の方が少ないステップで計算できていて，
より簡潔に同じ式を導けることがわかります。つまり $(x+7y)^2$ を展開するときは，各項を順
に組み合わせて計算するよりも $(a+b)^2=a^2+2ab+b^2$ と同じようにして計算した方がさらに
スピードアップできることがわかります。そこで，$(a+b)^2=a^2+2ab+b^2$ を式の展開の公式
にすることを決め，振り返りの視点からの指導としてこの公式を使った式の展開の適用問題に
取り組ませるのです。本来，公式のもつ意味とは，それと同じようにすればより簡潔に結論を
導けることですね。子供が同じようにして考えることで，公式のありがたみを実感できるよう
にしたいのです。

　ところで，ここまで来たら次は何を指導しますか。次は条件をかえて考えさせる端緒の視点
からの指導で，「$(a+b)^2$ の『＋』を『－』にかえたら，同じようにして使いたくなる公式が
つくれるかな」と子供に問いかけられる教師になりたいですね。

4．逆をつくる（→ 同じようにする）展開の計算を逆にたどって因数分解する

　式の展開と因数分解の関係は，逆をつくることが基になっています。学習の内容自体が，逆
をつくることだとも言えますね。ここで注意したいのは，逆をつくることで結ばれた式の展開
と因数分解の間には，いろいろ同じようにできることが生まれてくることです。例えば，展開
の公式と同じように因数分解の公式を考えることができます。2で取り上げた缶詰法や瓶詰法
で学んだ形にすることも同じように生かせます。式の因数分解の指導では，「式の展開のとき
はどうだったかな」と問いかけることで同じように考えられる子供を育てたいものです。

🌱【この単元で生かしたい主な思考の種】

・ 逆をつくる 平方根の意味や式変形について考える

・ 比べる √のついた数の大小を判断する

・ 同じようにする √のついた数の計算の根拠を明らかにする

　　この単元では，第１学年の「正・負の数」の単元と同様に新しい数について指導します。数の範囲を拡張し，その性質や計算の仕方を取り上げる点も，正・負の数の指導と共通していますね。その過程でどんな思考の種を蒔く指導をすればよいか検討してみましょう。

小単元１　平方根の性質（６時間）

１．逆をつくる 平方根の意味を考える

　　この小単元の導入では，正方形の１辺の長さと面積の関係を取り上げる教師が多いのではないでしょうか。その理由は，次の(1)，(2)のような逆をつくって考える端緒の視点からの指導にあります。

(1)　正方形の１辺の長さから面積を求める。

…「この正方形の面積を求めることができるかな」

(2)　正方形の面積から１辺の長さを求める。

…「逆に，正方形の面積から１辺の長さを求めることができるかな」

　　授業では，様々な大きさの正方形をつくることから始めます。ます目の１辺が１cmの方眼紙を印刷したワークシートを配付して，子供に自由にかき込ませるとよいでしょう。いくつか正方形がかけたら，(1)では１辺の長さが２cmの正方形を取り上げ，面積を求めさせます。ます目１個が１cm^{2}であることから，結果が正しいことは明らかですね。これを受けて(2)では「逆に，正方形の面積から１辺の長さを求めることができるかな」と子供に問いかけます。例として面積４cm^{2}の正方形を取り上げ，「２乗して４になる数は２である」ことから１辺の長さ２cmが求められることを確認します。そして面積が５cm^{2}の正方形を取り上げ，ます目を基に面積

を確認したら「面積が 5 cm² の正方形の 1 辺の長さを求められるかな」と重ねて問うのです。

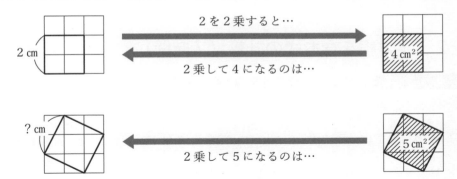

　子供が数の平方根の存在に気付く 1 つのきっかけは，「a を 2 乗すると b になる」ことの逆をつくり，「2 乗して b になる数は何か」と考えることにあります。ここで取り上げた正方形づくりでは，そのことを視覚的に問うのです。面積が 5 cm² の正方形の 1 辺の長さは線分の長さとして目に見えるので，当然長さも求められるだろう…と考える子供が多いのではないでしょうか。でも，それを表すためには新しい数が必要になるという驚きを実感させたいのです。

2.　比べる　√のついた数の大小を判断する

　平方根の指導でも，正・負の数の指導と同じように，「見つける」，「表す」，「比べる」，「計算する」，「生かす」の 5 つの活動を生徒が経験できるようにすることが大切です。このうち「比べる」活動では，新しい数の大小の判定の仕方を明らかにしながら，新しく導入した数の感覚を豊かにすることを目指します。ここでは「2，$\sqrt{2}$，3，$\sqrt{5}$ を小さい順に並べよう」を問題として，次の(1)，(2)のような解決の視点からの指導を考えてみましょう。

(1)　結果を予想させる。…「4 つの数の大小を予想して，小さい順に並べてみよう」

(2)　見通しを立てる。…「どうすれば自分の予想が正しいことを確かめられるだろう」

　(1)では，子供に結果を自由に予想させます。直感でも構いません。予想を立てることで，どうすればその予想の正誤を確かめられるかに目を向けさせ，(2)の見通しを立てることにつなげるのが目的です。これを受けて(2)では，一斉指導で解決の見通しを立てます。例えば，1 で取り上げた正方形づくりの授業で方眼紙にかいた正方形を見直させてみるのです。ここではその中から右の図のような正方形を黒板に示して，「前の授業で使ったこれらの正方形を比べて考えることはできないかな」と問いかけてみます。比べさせたいのは正

方形の辺の長さですが，そこは言わずに我慢して，子供に考えさせたいところですね。

小単元2　平方根を含む式の計算（7時間）

1.　**同じようにする**　√のついた数の計算の根拠を明らかにする

（1）乗法と除法の計算

　　この小単元の指導では，正の数 a, b について乗法は $\sqrt{a} \times \sqrt{b} = \sqrt{a \times b}$，除法は $\dfrac{\sqrt{a}}{\sqrt{b}} = \sqrt{\dfrac{a}{b}}$ を基にして計算できることを明らかにします。その際，これらの式が成り立つことの指導には，同じように考えることが役に立ちます。

　　まず端緒の視点からの指導として，$\sqrt{a} \times \sqrt{b} = \sqrt{a \times b}$ が成り立つ理由を説明する問題1を設定します。そして解決の視点からの指導に入りますが，子供に自力で解決させるのはちょっと難しいですね。ここでは教師が教えることにしっかりと関わって，子供とやりとりしながら $\sqrt{a} \times \sqrt{b} = \sqrt{a \times b}$ が成り立つ理由を明らかにしていきます。下の図はその板書のイメージです。ポイントは，$\sqrt{a \times b}$ を数文和訳して「2乗すると $a \times b$ になる数」と考えるところですね。

　　これを受けて振り返りの視点からの指導では「問題2　どんな数でも，$\dfrac{\sqrt{a}}{\sqrt{b}} = \sqrt{\dfrac{a}{b}}$ が成り立つことを説明しよう」を提示し，今度は子供に各自で解決に取り組ませます。もちろん，問題1と同じようにして考えさせるのです。

　　基にする問題を自力で解決できなくても，それと同じように考えることができる問題を自分で解決することができれば，子供の中に「確かにこうすればできるんだ」という手応え，つまり効力感を生み出すことができるのです。

問題1

　どんな数でも，$\sqrt{a} \times \sqrt{b} = \sqrt{a \times b}$ が成り立つことを説明しよう。

$\sqrt{a \times b}$ は，2乗して $a \times b$ になる数だから，

$\sqrt{a} \times \sqrt{b}$ を2乗して，$a \times b$ になることを示せばよい。

$$(\sqrt{a} \times \sqrt{b})^2$$
$$= (\sqrt{a} \times \sqrt{b}) \times (\sqrt{a} \times \sqrt{b})$$
$$= \sqrt{a} \times \sqrt{a} \times \sqrt{b} \times \sqrt{b}$$
$$= (\sqrt{a})^2 \times (\sqrt{b})^2$$
$$= a \times b$$

$\sqrt{a} \times \sqrt{b}$ を2乗すると $a \times b$ になるから，

$\sqrt{a} \times \sqrt{b} = \sqrt{a \times b}$ が成り立つ。

（2）加法と減法の計算

　√のついた数の加法と減法については，これまでに学んだ文字式の加法と減法の計算を拠り所にして計算の仕方を考えさせます。例えば，「$3\sqrt{2}+4\sqrt{2}$の計算の仕方を考えよう」を問題として，同じように考えさせる解決の視点からの指導を次の①～③のように展開するのはどうでしょう。

①式の意味を$\sqrt{2}$を単位にして考えさせる。
　　　　…「$3\sqrt{2}+4\sqrt{2}=(\sqrt{2}+\sqrt{2}+\sqrt{2})+(\sqrt{2}+\sqrt{2}+\sqrt{2}+\sqrt{2})$だね」

②第1学年で学んだ文字式の計算が，文字を単位にして計算していたことを確認する。
　　　　…「1年生のときに，$3x+4x=(x+x+x)+(x+x+x+x)$であることを学んだね」

③文字式の場合と同じようにして√のついた数の計算ができないか考えさせる。
　　　　…「$3x+4x$と同じようにして，$3\sqrt{2}+4\sqrt{2}$を計算できないかな」

　何でもないことのようですが，ここでは√のついた数の加法や減法の仕方がわからなくなったら，文字式の計算に置き換えて同じようにできないか考えてみるという発想を子供に身に付けさせたいのです。そして次のステップでは，係数の関係に注目して$3\sqrt{2}+4\sqrt{2}=(3+4)\sqrt{2}$のように計算することを指導しますね。ここで働かせる「より手際よく計算するにはどうすればよいか」という発想も文字式の計算と同じように考えることで導かれます。数の計算と文字の計算を同じように考えて計算の根拠を明らかにする指導をすることで，「なぜそのように計算するのか」に答えられる子供を育てたいのです。

2.　逆をつくる　√のついた数の変形について考える

　この小単元で指導する，$a\sqrt{b}=\sqrt{a^2\times b}$の変形は，逆をつくることの指導です。例えば，1で取り上げた乗法と除法の計算を指導した後で，

$$2\sqrt{3}=2\times\sqrt{3}=\sqrt{4}\times\sqrt{3}=\sqrt{12}$$

のように，数を√の中にひとまとめにできることを指導したら，「逆に，√の中の数を外に出すこともできるかな」と子供に問いかけ，√の中を簡単な数にする変形を指導するのです。このように逆を考えて双方向に数を変形することは，子供が$a\sqrt{b}=\sqrt{a^2\times b}$の意味の理解を深め，計算に習熟する機会にもなります。

第3学年
第3章「二次方程式」

🌱【この単元で生かしたい主な思考の種】

・ 条件をかえる 文字の次数を増やして新しい方程式を生み出す

・ 学んだ形にする 解き方を知っている二次方程式に変形して解を導く

・ 改善する 因数分解を使って二次方程式が解ける理由を考える

> この単元も第1学年の「方程式」，第2学年の「連立方程式」と同様に，活用の小単元で思考力，判断力，表現力等を育成する指導に力が入ります。大切なことなのですが，その前提となる二次方程式の意味や解法の指導でも，思考の種を蒔くことを忘れないようにしたいですね。

小単元1　二次方程式（8時間）

1. 条件をかえる 文字の次数を増やして新しい方程式を生み出す

　この小単元では，二次方程式の解法の指導に多くの時間を費やします。でもその前に，子供がこれまでの方程式についての学習を振り返りながら「なぜ二次方程式なのか」に目を向けられるような指導を心がけたいものです。そこで，次の(1)～(3)のような条件をかえて考える端緒の視点からの指導をしてみるのはどうでしょう。

(1) これまでに学んだ方程式を振り返らせる。

　　　　　　　…「これまでにどんな方程式について学習しただろう」

(2) それぞれの方程式の関係に目を向けさせる。

　　　　　　　…「これらの方程式の間には，どんな関係があっただろう」

(3) 条件をかえて新しい方程式をつくらせる。

　　　　　　　…「一次方程式の別の条件をかえて新しい方程式をつくれないかな」

　(1)では，子供から「一次方程式」と「連立方程式」の名前を引き出し，教師がそれぞれの具体例を挙げ，子供とやりとりしながら板書で解いていきます。これまでに指導した方程式の復習ですが，単に2つの方程式を解くことだけが目的ではありません。方程式を解くことや解

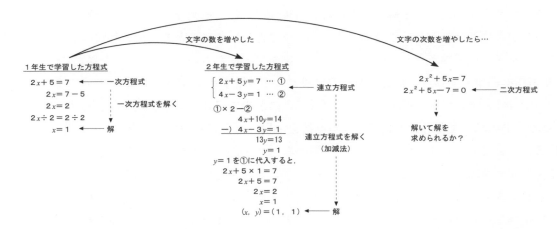

の意味が，一次方程式と連立方程式で共通していたことを確認しながら進めます。上の図は板書のイメージです。以下，これを見ながら読み進めてください。(2)では，一次方程式と連立方程式の関係について確認します。この本に沿って指導してきた教師なら，一次方程式に用いられている文字の数の条件を1個から2個にかえることで連立方程式をつくったことを，子供から引き出せるのではないでしょうか。これを受けて(3)では，文字の数以外の条件をかえて一次方程式から新しい方程式をつくることができないかを子供に問うのです。そして一次方程式の文字の次数の条件を1次から2次に増やした方程式を導き，二次方程式を定義します。

　このように一次方程式の条件をかえて二次方程式を導くことには，2つの意味があります。1つは，方程式の世界のひろがりを子供が実感できるようにすることです。方程式を構成する文字の数や文字の次数の条件は，ここからさらにかえることができることに子供が気付けば，高等学校も見通した今後の数学の学習に対する興味・関心を高めることができますね。もう1つは，子供に新たな疑問を投げかけ，これからの学習の方向性を示すことです。これまでに学んだ一次方程式とその条件をかえてつくった連立方程式は，上の図からもわかるように式を変形して解を導くことができました。一次方程式の条件をかえて新たにつくった二次方程式も，同じように式を変形して解くことができるのではないか…今後の授業は，この問題を解決するために展開されることになりますね。これについては，次の2で考えることにしましょう。

2.　学んだ形にする　解き方を知っている二次方程式に変形して解を導く

　この小単元で，二次方程式を式変形で解くことを指導する際には，等式を変形して平方根の考えを用いる方法と，因数分解を用いる方法を指導します。このうち，等式を変形して平方根の考えを用いる解法については，式の形に着目して次の3つのステップで指導します。

(1) $x^2 = k$

(2) $(x+m)^2 = k$

(3) $x^2 + px + q = 0$

３つのステップに分けて解き方を指導する理由は，単に単純な形から複雑な形へと子供にチャレンジさせるというだけではありません。学んだ形にすることで二次方程式の解き方を導けることを子供に経験させたいからです。下の図を見てください。(1)の二次方程式については，「平方根」の単元で指導したことを既習事項として活用すれば解けますね。(2)の二次方程式については「$x^2 = k$ だったら解けるんだけど，この形の方程式にできないかな」と問いかけて，「多項式」の単元で指導した缶詰法や瓶詰法を活用させることができます。そして(3)の二次方程式についても「$(x+m)^2 = k$ だったら解けるんだけど，この形の方程式にできないかな」と子供に問いかけて考えさせるのです。ただ，子供任せにしてこの式変形ができるはずはありませんね。教師が教えることにしっかり関わって子供とやりとりしながら平方完成することについて指導する必要があります。その上で「平方完成の式変形はなかなか大変だね」，「もっと簡単に解く方法はないかな」と考えて，次の学習の目標を二次方程式の解の公式に定めるわけです。

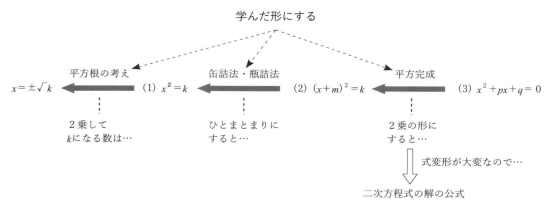

　学んだ形にすることは，既習事項を活用することの見える化です。新しい問題の解決に取り組む際に，既に解き方を知っている問題の解法を適用できるように形式を整えるわけです。ここではそれが式の形として現れるので，子供が学習の目標をしっかり把握できるように指導したいですね。

３. （ 比べる →） 改善する 因数分解を使って二次方程式が解ける理由を考える

　因数分解を使って二次方程式を解く方法は，二次方程式 $x^2 + px + q = 0$ の左辺が一次式の積に因数分解できる場合に有効な解法です。一次方程式に帰着させて解くというアイデアは，１と２で取り上げた等式を変形して平方根の考えを用いる解法と同じですね。ただ，因数分解するという発想を子供から引き出すのはなかなか難しい。どうしても教師が一方的に説明する授業になりがちです。そこで，前時の復習として二次方程式を解の公式を使って解かせた後で，「こうやって解くこともできるらしいけれど，本当かな」などと子供に問いかけながら，同じ二次方程式を因数分解を使って解く式変形の過程と解を示します。「先生の発見した新しい解

き方だよ」などと告げて，子供の興味・関心を高めるのもよいでしょう。ここでは，二次方程式 $x^2 + 3x - 10 = 0$ を取り上げた場合を考えてみましょう。右の図はここまでの板書のイメージです。注意するのは，因数分解を使って解く式変形の過程と解だけを示し，説明は一切付け加えないことです。

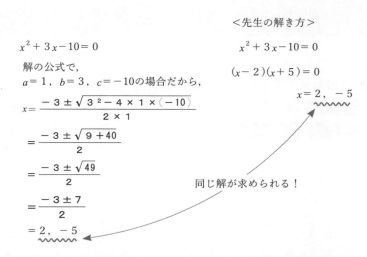

２つの解き方を比べてみることで，因数分解を使った方が明らかに簡潔で簡単に解けそうであることが明らかになります。そこで「この方法で解けるなら，楽ができそうだね」などと子供を喜ばせつつ，「この方法で解けたのは偶然かな」，「他の二次方程式でも使える解き方かな」などと問いかけ，子供に疑問をもたせます。そして「先生の解き方」で二次方程式 $x^2 + 3x - 10 = 0$ が解ける理由を考えることを問題として設定するのです。これに続く解決の視点からの指導では，上の図の「先生の解き方」に説明を書き加えて，二次方程式 $x^2 + 3x - 10 = 0$ を解くことができる理由がわかるように改善します。もちろん，子供に任せて説明を補わせようとしてもなかなか難しいでしょう。教師が子供とやりとりしながら教え導くことで問題を解決するのです。

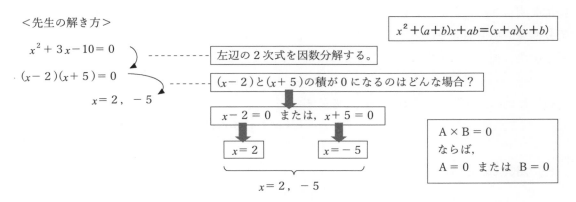

　改善することは，他者の思考を読み解き，よりよいものに改めるという協働作業では欠くことのできない取組です。受信した情報に対して「こういうことが言いたいのではないか」，「それなら，こういうふうにした方がよりわかりやすくなるのではないか」といった解釈と発信ができる子供を育てたいのです。

🌱【この単元で生かしたい主な思考の種】

・ **比べる** 既習の関数と比較して関数 $y = ax^2$ の特徴を明らかにする

・ **きまりを見つける** 関数 $y = ax^2$ のグラフの特徴を明らかにする

> 　この単元は，中学校における関数についての指導の最終段階です。子供が前学年までの「関数」領域における学習と関連付け，その理解を深められるように授業を展開したいものです。そのために思考の種を蒔く指導をどのように生かせばよいか考えてみましょう。

小単元1　関数 $y = ax^2$ とグラフ（7時間）

1. **比べる** 比例と比較して関数 $y = ax^2$ の特徴を明らかにする

　この小単元では関数 $y = ax^2$ を定義し，その変化と対応の特徴を対応表を使って明らかにすることから始めます。第2学年の一次関数の指導でも取り上げたように，これから学ぶ事柄の特徴を明らかにしたいときには，関連する既習事項を取り上げ，子供に比べて考えさせることで共通点や相違点を見いだすことが有効です。ここでは，次の(1)～(3)のような比べて考えさせる解決の視点からの指導をしてみるのはどうでしょう。

(1) 比例の表から読み取れる特徴を確認する。

　　　　　　　　…「比例の表からは，どんなことが読み取れたかな」

(2) 関数 $y = ax^2$ の表から読み取れる特徴に目を向けさせる。

　　　　　　　　…「新しい関数の表からも，比例と同じことが読み取れるかな」

(3) 関数 $y = ax^2$ の表から読み取れる特徴を見つけさせ，比例と比較させる。

　　　　　　　　…「新しい関数の表から読み取れることを見つけてみよう」

　(1)では，復習も兼ねて比例の対応表から読み取れることを全体で確認しながら進めます。子供にとって関数についての学習は久し振りでしょうから，対応表の見方について次の2点を

確認しながら進めるとよいでしょう。

　　・表を横に見る…２つの変数の変化の特徴を捉える。

　　・表を縦に見る…２つの変数の対応の特徴を捉える。

　　ここでは，関数 $y = 3x$ を例にして考えてみましょう。下の図の左側は，その板書のイメージです。子供とやりとりしながらまとめていきます。

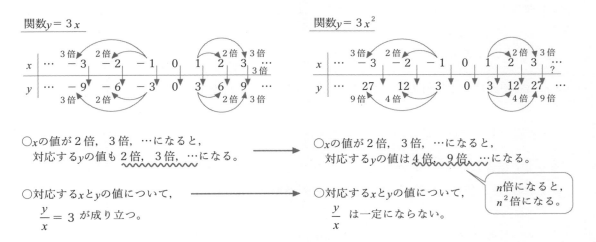

　　これを受けて(2)では，関数 $y = 3x^2$ を取り上げます。そして端緒の視点からの指導として，関数 $y = 3x$ の対応表から読み取ったのと同じ特徴が，関数 $y = 3x^2$ の対応表からも読み取れると思うか子供に問いかけ，問題として設定するのです。(3)では解決の視点からの指導として子供に関数 $y = 3x^2$ の対応表から読み取れる特徴を見つけさせます。既に関数 $y = 3x$ を例として表の見方や読み取れる特徴を確認してありますから，これを参考にさせながら各自で取り組ませるとよいでしょう。関数 $y = 3x^2$ の対応表をつくるところから任せてもよいですね。

　　これに続く共有の視点からの指導では，子供が見つけた関数 $y = 3x^2$ の対応表の特徴を上の図の右側のように整理して，関数 $y = 3x$ の対応表の特徴と比較させるのです。２つの関数の対応表から読み取れる特徴が異なることから，新しい関数 $y = 3x^2$ がどのような関数なのか子供に疑問をもたせたいところです。「関数 $y = 3x^2$ はどんなグラフになるだろう」と問いかければ，次の授業につながっていきますね。また相違点として，表を横に見ることから見いだされる特徴が「x の値が n 倍になると，y の値も n 倍になる」から「x の値が n 倍になると，y の値が n^2 倍になる」になることを確認して，y が x の２乗に比例する関数についての指導につなげます。また関数 $y = 3x^2$ の対応表の y の値について，「０を軸として線対称に並んでいる」ことに気付く子供がいたら取り上げておきたいところです。このことは，対応表とグラフを相互に関連付けて考える際の大切な視点になりますね。このように，比べて考えさせることで見いだしたことを，今後の学習に結びつけていく指導も大切にしたいのです。

　　なおこの単元の指導では，比べて考えさせたい場面が他にもあります。これについては小単

元2で改めて考えることにしましょう。

2. (比べる →) きまりを見つける 関数 $y = ax^2$ のグラフの特徴を明らかにする

　関数 $y = ax^2$ のグラフについては，比例定数 a の値によってグラフがどのように変化するかに着目してその特徴を明らかにします。その前に，授業では a の値の異なる関数 $y = ax^2$ をいくつか取り上げてグラフを子供にかかせますね。この際，例えば次のように条件をかえながら子供に考えさせるとよいでしょう。

　　・$a = 1$ の場合である関数 $y = x^2$ のグラフ

　　・a の値の条件を 1 以外の正の数にかえた，関数 $y = 2x^2$ や $y = \dfrac{1}{2}x^2$ などのグラフ

　　・a の値の条件を負の数にかえた，関数 $y = -2x^2$ や $y = -\dfrac{1}{2}x^2$ などのグラフ

　ここまで指導したら，「関数 $y = ax^2$ のグラフには，どのような特徴があるだろう」を問題として，次の(1)～(3)のような解決の視点からの指導をするのです。

　(1) すべてのグラフを同じ座標平面上に重ねて示し，比べさせる。
　　　　　　　…「これまでにかいたグラフを比べると，どんなことがわかるだろう」

　(2) 共通点（変化しないこと）に目を向けさせる。
　　　　　　　…「どのグラフについても言えることはどんなことかな」

　(3) 相違点（変化すること）に目を向けさせる。
　　　　　　　…「それぞれのグラフで違っているのはどんなことだろう」

　(1)では，子供が気付いたことを自由に発言させます。(2)や(3)に関することが出てくるでしょうから，「それはどのグラフにも当てはまることかな」，「どのようなときに成り立つことかな」などと問い返し，共通点と相違点としてまとめられそうであることを確認します。これを受けて(2)では，どのグラフも原点を通る曲線であることや，y 軸を対称の軸として線対称であることを明らかにし，放物線などの用語も指導します。(3)については，子供が見つけたグラフの違いを比例定数 a の符号と絶対値に着目してまとめます。もちろん，教師の指導が大切になりますね。例えば「上に開いているグラフと下に開いているグラフがある」という子供の気付きに対しては，「グラフが上に開くか下に開くかは，a の値とどんな関係があるかな」と問い，きまりを見つけさせるのです。「グラフの開き具合が違う」と気付いた子供にも同じように問うことで a の値との関係を考えさせることができますね。

複数の考察対象についての特徴を明らかにしたいときには，対象を比べてきまりを見いだすことが有効です。ここで取り上げた内容は教師がまとめとして説明してしまいがちですが，子供が比べてきまりを見いだす経験ができるように指導することも大切にしたいのです。

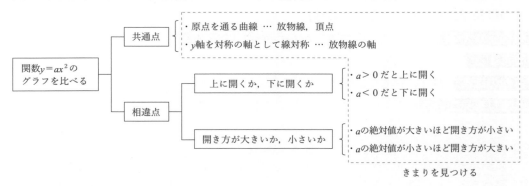

小単元２　関数 $y = ax^2$ の値の変化（３時間）

1.　比べる　一次関数と比較して関数 $y = ax^2$ の値の変化の特徴を明らかにする

　関数 $y = ax^2$ の変化の割合について指導する際にも，既習の一次関数と比べて考えさせることが有効です。例えば関数 $y = \dfrac{1}{4}x^2$ と関数 $y = 2x + 1$ を取り上げ，子供とやりとりしながら下の図のような対応表をつくって「このまま x の値を大きくしていくと，関数 $y = \dfrac{1}{4}x^2$ の y の値が関数 $y = 2x + 1$ の y の値より大きくなることがあるだろうか」と問うのです。

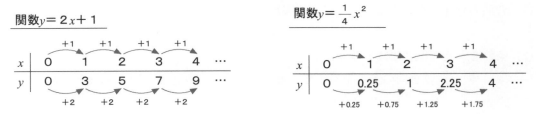

　表の値だけで比べると，$x = 4$ のときの y の値は，関数 $y = 2x + 1$ の方が関数 $y = \dfrac{1}{4}x^2$ の２倍以上ありますから，とても追い抜けそうもありません。でも値の増え方に着目して比べると，関数 $y = 2x + 1$ は x の値が１増えるとき y の値は常に２増えている（これが変化の割合でしたね）のに対し，関数 $y = \dfrac{1}{4}x^2$ は y の値の増え方が徐々に大きくなっていることがわかります。こうしたことから，関数 $y = ax^2$ と一次関数の変化の割合の違いに子供が着目できるようにし，関数 $y = ax^2$ の変化の割合の特徴を明らかにするのです。

🌱【この単元で生かしたい主な思考の種】

・ 条件をかえる 　合同な図形の性質などから発展的に考える
・ 改善する 　証明を読んでわかりやすく改める
・ さかのぼる 　方針を立てて証明する
・ きまりを見つける 　帰納的に考えて図形の性質を予想する

　この単元では，子供が三角形の相似条件などを用いて図形の性質を論理的に考察し表現する力を高めると共に，相似な図形の性質を用いて図形の計量ができるようにすることを目指します。その過程で思考の種を蒔く指導をどう取り入れればよいか考えてみましょう。

小単元1　相似な図形の性質（8時間）

1. 条件をかえる 　合同について学んだことから発展的に考える

　この小単元の指導で注意したいのは，久し振りの「図形」領域の授業だということ。そこで，子供に第2学年で指導した図形の合同を振り返らせ，新たな学習内容との関係を捉えさせるために，次の(1)〜(3)のような端緒の視点からの指導をしてみるのはどうでしょう。

(1) 合同の意味を復習する。…「合同な図形とは，どんな図形のことだったかな」

(2) 条件をかえて既習事項を確認する。
　　　　　…「合同の条件をかえて，形は違うけれど大きさが同じ図形を考えてみよう」

(3) 別の条件をかえて新たな考察対象を明らかにする。
　　　　　…「合同の条件をかえて，形は同じだけれど大きさの異なる図形を考えてみよう」

　(1)では「合同な図形」の意味を「移動してぴったり重ねることができる図形」，つまり「形も大きさも同じ図形」として確認します。具体例を示してもよいですね。これを受けて(2)では，合同な図形の「形が同じ」という条件を「形が違う」にかえて「形は違うけれど大きさは同じ図形」を取り上げます。どのような図形なのかイメージできない子供もいるでしょうから，「大きさ」を「面積」と捉え直させることで，第2学年で指導した等積変形してできる図形で

あることを明らかにします。そして(3)では，合同な図形の「大きさが同じ」という条件を「大きさが違う」にかえて「形は同じだけれど大きさが違う図形」を取り上げ，どのような図形か考えることを問題として設定するのです。これに続く解決の視点からの指導では小学校で学んだ拡大図や縮図を子供から引き出し，相似な図形を定義してその性質の指導に入ります。

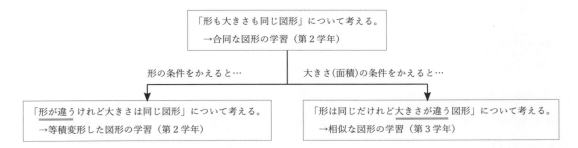

　あなたの指導している子供は，合同と相似の関係を理解しているでしょうか。条件をかえて考えることで，相似は合同の条件を緩めた関係であり，合同は相似の特別な場合であるとみることができるようになります。合同と相似の間のこうした関係を理解した子供は，これからの相似についての学習の中で「合同について学んだ〜は，相似でも考えられるのではないか」と考えられるようになるのではないでしょうか。三角形の相似条件はまさにその好例です。

2. 改善する 証明を読んでわかりやすく改める

　この小単元では，三角形の相似条件などを根拠として図形の基本的な性質を論理的に確かめることについて指導します。図形の性質の証明については第2学年でも指導しましたが，それからだいぶ時間が経過していますね。そこで最初は，説明が不十分な証明を読んでわかりやすく改める活動から始め，子供が数学的な表現を解釈して改善する力を高める機会をつくります。これによって，子供の記憶を呼び覚ますこともできるのではないでしょうか。次のページの図は，その授業で取り上げる問題の例と板書をイメージしたものです。以下，この図を見ながら読み進めてください。

　端緒の視点からの指導では図の左側の問題を提示し，実際に長方形の紙を配って子供に折らせてみるなどして内容を確認します。次に解決の視点からの指導に移り，仮定と結論を明らかにしたら，「先生はこんなふうに証明したのだけれどどうかな」などと告げて図の右側に示した長方形の中の「先生の考えた証明」を示し子供に読ませます。そして，「どうして∠ＡＢＣ＋90°＋∠ＥＢＤ＝180°なのか」など，わからない部分を自由に指摘させるのです。その上で「先生の考えた証明を，もっとわかりやすく改めて欲しい」と伝え，「先生の考えた証明」を印刷したワークシートを配付して自由に書き込みをさせます。この際に大切にしたいのが，「何を書き加えるのか」と共に「なぜ書き加えるのか」を明らかにすることでしたね。その上で共有の視点からの指導として，子供に書き込んだことを発表させながら，教師がそれを黒板の

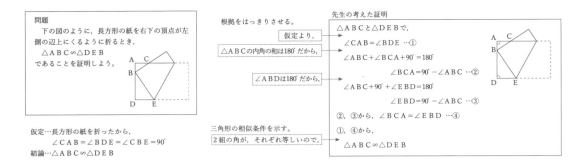

「先生の考えた証明」に書き加えて改善を図るわけです。

　証明を読んでわかりやすくなるように改善することは，証明をつくった他者を意識して「こうしたことが言いたいのではないか」，「だったら，こんなふうに説明した方がわかりやすくなるのではないか」などと思いを巡らすことでもあります。こうした考え方ができることは，協働的な活動に参画する上で大切ですね。

　なお証明を読んでわかりやすく改善することは，これ以外にも有効な場面があります。それは子供に任せて証明させることが難しい図形の性質の指導です。こうした内容については，無理に自力解決を求めて時間を長引かせるよりも，説明が不十分な証明を提示してその改善に取り組ませることが有効です。これは小単元1よりも次の小単元2に当てはまるかもしれませんね。指導する子供の学習の実態に合わせて考えてみてください。

3. ┃さかのぼる┃ 方針を立てて証明する

　第2学年に引き続き，この単元でも図形の性質を証明することの指導では，証明する前に方針を立て，子供が証明の見通しをもてるようにします。そしてその過程では，子供がさかのぼって考えられるようにすることを大切にしたいのです。またこの単元では，小単元2までを見通して，子供が自分で方針を立てることができるようにする指導を目指したいですね。問題を提示した後の解決の視点からの指導は次の(1)，(2)のようになるでしょうか。

　(1) 各自で証明の方針を立てる。…「このことを証明するための方針を立ててみよう」

　(2) 方針を基にして証明に取り組ませる。…「この方針を参考にして証明してみよう」

　ここでは，この小単元で指導する内容を例にして考えてみましょう。次のページの図はその授業の板書をイメージしてまとめたものです。以下，これを見ながら読み進めてください。

　(1)では「今回は，証明する前に自分で方針を立ててみよう」と告げ，各自で方針を立てさせます。これまでは，教師が教えることにしっかり関わって方針を組み立ててきましたが，こ

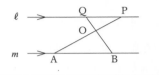
［方針］
1 仮定は…ℓ //m
2 他にわかることは…

錯角は等しいから，
∠OPQ＝∠OAB，∠OQP＝∠OBA
対頂角は等しいから，∠POQ＝∠AOB

1，2から，4を導けるか？

4 結論を導くためには…
三角形の相似条件が成り立つことを示せばよい。
3 結論は…△OPQ∽△OAB

＜証明＞

△OPQと△OABについて，
仮定より，ℓ //mで，平行線の錯角は等しいから，
∠OPQ＝∠OAB…①
∠OQP＝∠OBA…②
①，②より，2組の角がそれぞれ等しいから，
△OPQ∽△OAB

こからは方針自体も子供につくらせてみるわけです。もちろん，どこからこうした指導に切り替えるかは，子供の学習の実態を見ながら教師が判断する必要があります。また，方針を子供につくらせるといっても子供に丸投げするわけではありません。机間指導して，方針を立てることができない子供には個別に指導します。方針が立てられた子供が出てきたら共有の視点からの指導に移り，子供に口頭で方針を説明させ，教師が板書しながら確認します。3から4にさかのぼって考える際に，三角形の相似条件について「2角が等しいから，『2組の角がそれぞれ等しい』ことが使えそう」といった発言があれば，5として付け加えるとよいでしょう。そして全体で方針を確認し，「証明＝方針で前から順番に考えたことと，結論からさかのぼって考えたことを結びつけること」を明確にし，証明することに取り組ませるのです。

小単元2　平行線と線分の比（9時間）

1.　条件をかえる　平行線と線分の比などをネットワークで結ぶ

　この小単元で指導する内容について，学習指導要領解説では「平行線と線分の比についての指導では，見いだした性質を別々のものとしたままにせず，統合的・発展的に考えることが大切である」とされています。そこでこの小単元で指導する内容を見渡して，条件をかえることや逆をつくること，同じようにすること，きまりを見つけることなどの思考の種を蒔きながら指導することで，全体のネットワークをつくってみましょう。ここで「ネットワーク」とは，指導する内容を別々のものとせず，その関連性を明らかにすることで「なぜそのことを考える（学ぶ）のか」を子供にわかるようにすることを意味します。つまり，教師が思考の種を蒔き

ながらネットワークをつくることで，統合的・発展的に考えることのよさを子供が実感できる指導をしたいのです。

　ここでは，小単元１の３で取り上げた問題を基点として，「△ＯＰＱ∽△ＯＡＢだから，相似な図形の対応する辺の比はすべて等しいので，ＯＰ：ＯＡ＝ＯＱ：ＯＢ＝ＰＱ：ＡＢ」であることを子供が確認したところから始めてみましょう。以下，下の図を見ながら読み進めてください。

　まず，①～②では直線ℓの位置を条件として，これをかえてもＯＰ：ＯＡ＝ＯＱ：ＯＢ＝ＰＱ：ＡＢが成り立つかどうかを子供に考えさせ，導いた図形の性質を統合的に捉えられるように指導します。直線ℓを平行移動させる際には，ICTを使って条件をかえる様子を動的に提示すると効果的ですね。

　続く③～⑥では，図形の性質を発展的に考えさせます。③では問題１の図を使い，同じように比が等しくなる線分が他にはないかどうか子供に問い，実測で確かめるなどしてきまりを見つけて予想を立てさせ，問題３を設定します。これが解決できたら④に移り，問題３の三角形という条件を台形にかえることで問題４を設定し，平行線にはさまれた線分の比について考えさせるのです。続く⑤では再度問題１にもどって「逆も成り立つかな」と問いかけ，問題５を設定してその解決に取り組ませます。これができたら⑥では，問題１と同じ条件が与えられている問題３を取り上げ「だったら，これも逆が成り立つのかな」と問いかけて問題６を設定し

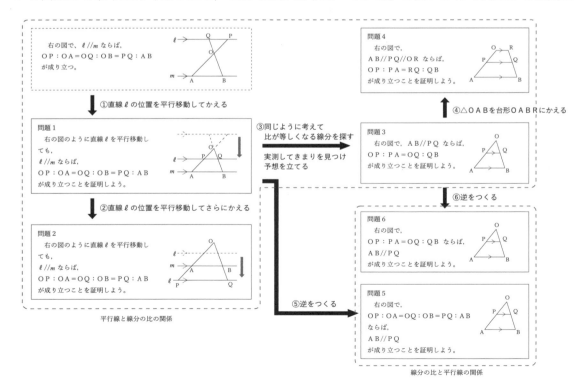

てその解決に取り組ませ，線分の比と平行線の関係を明らかにするのです。

　①～⑥のネットワークは，授業の流れとして連続的に展開することができます。1つの問題を解決できたら，教師が「今度は～の条件をかえたらどうなるかな」，「～の逆をつくったらどうなるだろう」などと子供に問いかけることで，次の問題が生まれ解決の必要性が生じます。子供の頭を休ませない指導ができるわけです。途中から，「先生，次は～をしてみよう」と教師の先手を打つ子供が出てきたら，思考の種を蒔く指導の成果と言えるのではないでしょうか。

2. きまりを見つける 中点連結定理を予想する

　きまりを見つけることは，この単元に限らず，帰納的に考えて図形の性質を予想する際に欠かせない考え方です。特にこの小単元では，線分の長さや位置関係を考察の対象としますから，実測などに基づいてきまりを見つけ予想を立て，それが正しいことを証明する場面が少なくありません（既に1でも取り上げましたね）。中点連結定理の指導もその1つです。定理自体は，1で取り上げた線分の比と平行線の性質が理解できていれば明らかとも言えるのですが，定理自体を子供に発見させたいと考える教師は少なくないようです。そこで，次のようにきまりを見つけさせる端緒の視点からの指導をしてみるのはどうでしょう。

(1) 右の図のように△ABCの2辺AB，ACの中点M，Nをそれぞれとって線分MNを引いた図を印刷したワークシートを配付します。

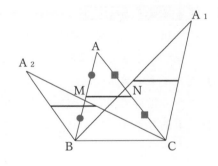

(2) 2点B，Cは動かさず，点Aの位置のみを自由に変えさせて（例えば図のA₁，A₂のように）新しい△ABCをいくつかつくらせ，線分MNを引かせます。

(3) つくった△ABCを比べさせ，線分MNの長さや位置関係についてのきまりを見つけさせます。

　(2)では，ICTを活用して図形を動かしながら観察できるアプリを用いることで，点Aを移動した際に線分MNがどのように変化するか（またはしないか）を考えさせることもできますね。そして，子供から「長さが一定ではないか」，「BCの長さの半分なのでは」，「すべて平行になっているように見える」などの意見を引き出したら，「本当にそうかな」，「いつでも成り立つことかな」などと問い返して問題を設定するのです。

第3学年
第6章「円」

【この単元で生かしたい主な思考の種】
- きまりを見つける　帰納的に考えて円周角と中心角の関係を予想する
- 同じようにする　既にした証明を参考にして新しい証明を考える
- 逆をつくる　円周角の定理の逆を明らかにする

　この単元では，子供がこれまでに身に付けてきた図形の性質を論理的に考察し表現する力を生かして，円周角と中心角の関係を理解できるように指導します。円周角の定理やその逆などを学ぶ過程で，どのような思考の種を身に付けさせることができるのか考えてみましょう。

小単元1　円周角と中心角（5時間）

1.　きまりを見つける　帰納的に考えて円周角と中心角の関係を予想する

　この小単元では，多くの教師が実測や操作などを通して子供に円周角と中心角の間にあるきまりを見つけさせる指導をしているでしょう。ワークシートなどを使って1つの弧に対する円周角をたくさんかかせたり，ICTを活用して円周上の点を動かして円周角の大きさを調べさせたりする指導です。ただ，この小単元には子供にきまりを見つけて予想を立てさせたい場面が他にもあります。例えば，次のような内容です。

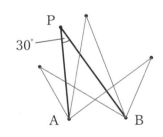

　ア　1つの円で，等しい弧に対する円周角の大きさにはどんなきまりがあるだろう。
　イ　1つの円で，等しい円周角に対する弧の長さにはどんなきまりがあるだろう。
　ウ　右の図のように2点A，Bをとり，∠APB＝30°になるような点Pを集めると，点Pの並び方にどんなきまりがあるだろう。

　ウは円周角の定理の逆の導入でしばしば用いられますね。予想するとそれが正しいかどうか知りたくなる気持ちを教師が後押しすることで，きまりを見つけたら「それって，いつでも成り立つことなのかな」と考えて明らかにしようとする子供を育てたいのです。

2. 同じようにする 既にした証明を参考にして新しい証明を考える

　1で予想した円周角の定理が成り立つことの証明についても，これまでと同じように証明の方針を立て，それを基にして進めます。ただ，これまでの図形の性質の証明と異なるのは，下の図のように，円周角と中心角の位置関係によってア〜ウのように場合分けして考える必要があることでしょう。

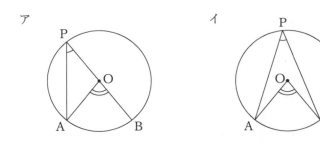
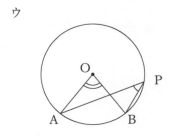

　学習指導要領解説では，こうした場合分けの必要性を子供が理解することは指導のねらいではないと説明されています。そこでここでは，次の(1)〜(3)のような同じようにして考える解決の視点からの指導をしてみるのはどうでしょうか。

(1)　アの場合について方針を立てて証明する。

　　　　　　　　…「アの図で，$\angle APB = \dfrac{1}{2} \angle AOB$ が成り立つことを証明しよう」

(2)　イの場合についても，アの場合の証明が適用できるか確認させる。

　　　　　…「この証明で，イの図でも $\angle APB = \dfrac{1}{2} \angle AOB$ が成り立つことを説明できるかな」

(3)　アの場合と同じようにして，イの場合について方針を立てて証明させる。
　　　　　　　　　…「イの図についても，アの場合と同じようにして証明しよう」

　(1)では上の図のアの場合について，$\angle APB = \dfrac{1}{2} \angle AOB$ が成り立つことを方針を立てて証明します。次ページの図にその内容をまとめました。これまでに取り組んできた図形の性質の証明とはその進め方が少し異なることがわかりますね。そこでここでは教師が子供とやりとりしながら，教えることにしっかり関わって方針と証明を完成します。

　(2)では，イの場合も(1)でつくった証明で説明できるか，子供に確認させます。すると，直線OPが点Bを通らないので $2\angle OPA = \angle AOB$ は説明できず，次のページの図のように，

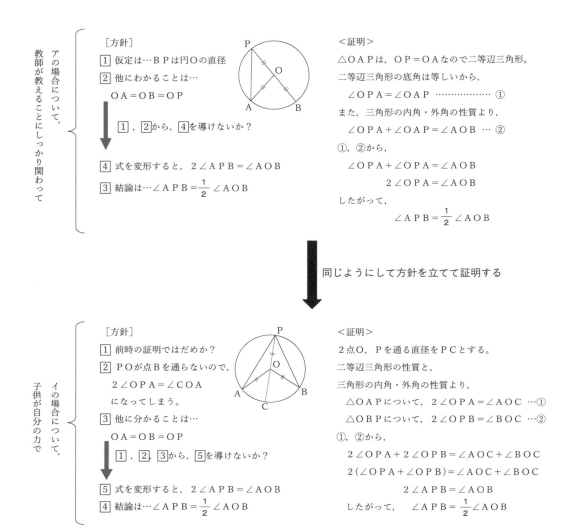

[方針]

1 仮定は…ＢＰは円Ｏの直径

2 他にわかることは…

ＯＡ＝ＯＢ＝ＯＰ

1，2から，4を導けないか？

4 式を変形すると，2∠ＡＰＢ＝∠ＡＯＢ

3 結論は…∠ＡＰＢ＝$\frac{1}{2}$∠ＡＯＢ

<証明>

△ＯＡＰは，ＯＰ＝ＯＡなので二等辺三角形。

二等辺三角形の底角は等しいから，

∠ＯＰＡ＝∠ＯＡＰ ……………… ①

また，三角形の内角・外角の性質より，

∠ＯＰＡ＋∠ＯＡＰ＝∠ＡＯＢ … ②

①，②から，

∠ＯＰＡ＋∠ＯＰＡ＝∠ＡＯＢ

2∠ＯＰＡ＝∠ＡＯＢ

したがって，

∠ＡＰＢ＝$\frac{1}{2}$∠ＡＯＢ

同じようにして方針を立てて証明する

[方針]

1 前時の証明ではだめか？

2 ＰＯが点Ｂを通らないので，

2∠ＯＰＡ＝∠ＣＯＡ

になってしまう。

3 他に分かることは…

ＯＡ＝ＯＢ＝ＯＰ

1，2，3から，5を導けないか？

5 式を変形すると，2∠ＡＰＢ＝∠ＡＯＢ

4 結論は…∠ＡＰＢ＝$\frac{1}{2}$∠ＡＯＢ

<証明>

2点Ｏ，Ｐを通る直径をＰＣとする。

二等辺三角形の性質と，

三角形の内角・外角の性質より，

△ＯＡＰについて，2∠ＯＰＡ＝∠ＡＯＣ …①

△ＯＢＰについて，2∠ＯＰＢ＝∠ＢＯＣ …②

①，②から，

2∠ＯＰＡ＋2∠ＯＰＢ＝∠ＡＯＣ＋∠ＢＯＣ

2（∠ＯＰＡ＋∠ＯＰＢ）＝∠ＡＯＣ＋∠ＢＯＣ

2∠ＡＰＢ＝∠ＡＯＢ

したがって， ∠ＡＰＢ＝$\frac{1}{2}$∠ＡＯＢ

2∠ＯＰＡ＝∠ＣＯＡになってしまいます。つまりイの場合にアの証明は適用できず，改めて方針を立てて証明する必要があることがわかるわけです。

　これを受けて(3)では，解決の視点からの指導として，子供に方針を立てて証明することに取り組ませるのです。ここで大切にしたいのが，アの場合と同じようにしてイの場合についても方針を立てたり証明をしたりすることです。上の図で，上段の方針と証明を参考にして下段の方針と証明をつくらせる指導ですね。「アの場合はこんなふうにしたけれど，イの場合でも同じようにできないかな」という見方で，イの図を見ながらアの方針や証明を読み直させるのです。もちろん子供任せにしてできることではありません。方針や証明の一部は，教師が子供とやりとりしながら明らかにすることも大切です。また，机間指導で個に応じた指導をしたり，個人では解決できない子供を教卓のまわりに集めてヒントを与えながら解決の過程を示したりして授業を進める必要があります。

同じようにすることは，子供が問題解決に取り組む足がかりを与えてくれます。その意味で，子供の主体的な取組を促すための大切な思考の種なのです。

3.　逆をつくる　円周角の定理の逆を明らかにする

　円周角の定理の逆の指導は，その名の通り逆をつくって考えさせる指導です。ただ少々悩ましいのは，円周角の定理からその逆をつくっても円周角の定理の逆に見えないことです。学習指導要領解説では次の2つの事柄を円周角の定理としています。

円周角の定理
　（1）　1つの弧に対する円周角の大きさは，その弧に対する中心角の大きさの半分である。
　（2）　同じ弧に対する円周角の大きさは等しい。

　これに対して，同じ学習指導要領解説では円周角の定理の逆が次のように示されています。

円周角の定理の逆
　2点P，Qが直線ABの同じ側にあり，∠APB＝∠AQBならば，4点A，B，P，Qは1つの円周上にある。

　円周角の定理(2)の逆ということなのでしょうが，子供も不思議に感じるようで，授業が終わった後に「先生，これって円周角の定理の逆になってるんですか」と聞かれることがありました。そこで，この点をはっきりさせるために，円周角の定理(2)を記号を使って言い換えてみましょう。$\overset{\frown}{AB}$に対して同じ円周上に2点P，Qを取ったとすると次のようになりますね。

円周角の定理(2)の言い換え
　4点A，B，P，Qが1つの円周上にあるならば，∠APB＝∠AQBである。

　ただこれだと，円周上に4点がA，P，B，Qの順に並んでいてもよいことになってしまいます。そこでこうした場合を排除すると，次のようになりますね。

円周角の定理(2)の言い換えの言い換え
　2点P，Qが直線ABの同じ側にあり，4点A，B，P，Qが1つの円周上にあるならば，∠APB＝∠AQBである。

　上に示した円周角の定理の逆は，この命題の逆をつくったものですね。

第７章「三平方の定理」

🌱【この単元で生かしたい主な思考の種】

・ きまりを見つける 帰納的に考えて三平方の定理を予想する

・ 改善する 三平方の定理の証明をわかりやすく改める

・ 逆をつくる 三平方の定理の逆を明らかにする

　　この単元は，指導時間数の半分以上を「三平方の定理の活用」の小単元に費やします。思考力，判断力，表現力等を養う活用の場面がそれだけ多いということでしょう。この本ではそこはスルーして，主に知識及び技能に関する内容の指導で思考の種を蒔くことを考えます。

小単元１　直角三角形の辺の長さ（４時間）

１. きまりを見つける 帰納的に考えて三平方の定理を予想する

　　この小単元では前単元の「円」と同様に，実測や操作などを通して子供に三平方の定理を見いださせる指導から始める教師が多いでしょう。例えば下の図のように，ます目の１辺が１cmの方眼紙を印刷したワークシートを配付して子供に自由に直角三角形をかき込ませ，「直角三角形のそれぞれの辺を１辺とする正方形をつくると，３つの正方形の面積の間にどんなきまりがあるだろう」と問うのです。

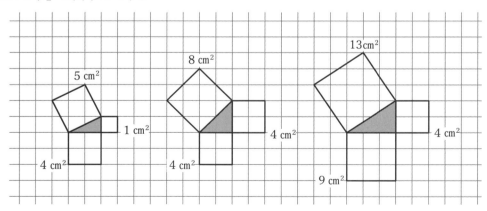

　　そのきまりを子供に実感してもらうために，一度は経験させたい活動ですね。その意外性をさらに強調したい場合は，次ページの図のような直角三角形を取り上げるのも１つの方法です。子供が３つの正方形の間に成り立つ関係を予想した段階で，「でも，直角三角形にもいろいろ

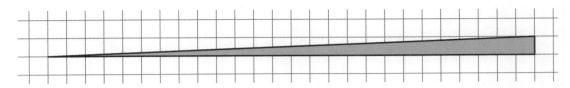

あるよ」,「例えばこんな直角三角形でも成り立つだろうか」と問いかけ,上の直角三角形を示してゆさぶりをかけるのです。様子を見ていると「これは駄目かもしれない」と不安そうな顔をする子供も出てきます。そこで実際に正方形をつくって,予想したきまりが成り立つか確かめてみるわけです。ただこの場合,子供に正方形をかかせようとするとかなり大きな方眼紙が必要になりますし,作業に時間もかかります。教師がICTなどを活用して確かめてみせるとよいでしょう。

2. 改善する 三平方の定理の証明をわかりやすく改める

　三平方の定理の証明について,学習指導要領には「それが証明できることを知ること」とあり,「証明できること」とは書かれていません。このことについて学習指導要領解説では,三平方の定理の証明については様々な方法が知られているけれど,マニアックなものも見受けられるので,子供の興味・関心に応じて柔軟に取り扱うこととされているのです。三平方の定理に様々な証明方法が存在することは,例えば森下四郎著『新装版ピタゴラスの定理100の証明法　―幾何の散歩道―』(プレアデス出版,2021)を読むとよくわかります。でも,証明できることを知ればよいのだからと教師がその証明を一方的に説明する授業をしていては,子供の主体的な学びにはつながりませんね。そこで,次の(1)～(3)のような三平方の定理の証明をわかりやすく改善する端緒の視点からの指導と解決の視点からの指導をしてみるのはどうでしょう。

(1) 三平方の定理が成り立つことを図と式で示した説明を提示する。
　　　　　　　　…「これで三平方の定理が成り立つことを説明できているかな」

(2) 気付いたことを自由に指摘させる。…「この図と式から,どんなことがわかるだろう」

(3) 説明をわかりやすく改善させる
　　　　　　　　…「図と式の意味がわかりやすくなるように,説明を書き加えてみよう」

　前述した通り,三平方の定理には様々な証明があるので題材には困りません。ここでは,アメリカの第20代大統領ジェームズ・エイブラム・ガーフィールド(1831－1881)が考えた証明を例として考えてみましょう。(1)では,三平方の定理の証明を考えることを子供に告げ,「実

は，次の図と式で証明できるら
しいのだけれど本当かな」など
と説明して右の図を提示します。
この際，△ＡＢＣと△ＤＡＥは
点Ａを共有しており，辺ＣＡと
ＡＥが一直線になるように置か
れていることを説明しておきま
す。

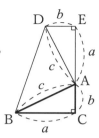

$$(a+b) \times (a+b) \times \frac{1}{2} = \frac{1}{2}ab \times 2 + \frac{1}{2}c^2$$

$$a^2 + b^2 = c^2$$

(2)では，しばらく各自で考えさせてから，図からわかることを子供に自由に指摘させます。
例えば，次のようなことが見つけられるのではないでしょうか。

・△ＡＢＣと△ＤＡＥは直角三角形である。

・△ＡＢＣと△ＤＡＥは直角をはさむ2辺の長さがa，bで，斜辺の長さがcだから，対応
する3辺の長さがそれぞれ等しく合同である。

・△ＡＤＢは二等辺三角形である。

・四角形ＤＢＣＥは，ＤＥ//ＢＣの台形である。

ここで，△ＡＤＢが直角二等辺三角形であることまで明らかにするかどうかは，子供の学習
の実態に合わせて教師が判断するとよいでしょう。

次に，上の図に示された式について子供に自由に指摘させます。例えば，次のようなことに
気付くのではないでしょうか。

・この等式はa，b，cで表されているから，左の図についての何かを表している。

・$a^2 + b^2 = c^2$という式が書かれているから，図と式の関係がわかれば三平方の定理が成り
立つことを説明できるのではないか。

・$\frac{1}{2}ab$という式は，△ＡＢＣまたは△ＤＡＥの面積を表しているから，この等式は図形の

面積の関係を表しているのではないか。

なお，等式の左辺の式を$\frac{1}{2}(a+b)^2$とせずに，$(a+b) \times (a+b) \times \frac{1}{2}$としてあるのは，子供

が台形の面積を求めるための公式である（上底＋下底）×高さ×$\frac{1}{2}$と対応させやすくするため

です。

(3)では図と式を印刷したワークシートを配付し，(2)で考えたことを基にして等式が図につ
いての何を表しているのかを各自で自由に考えさせて書き込ませます。次ページの図のように，
言葉で説明を付け加えさせてもよいですし，図と式の対応する部分を色分けするなどして結び
つけさせてもよいでしょう。そして，実物投影機を使って子どものワークシートを提示させな

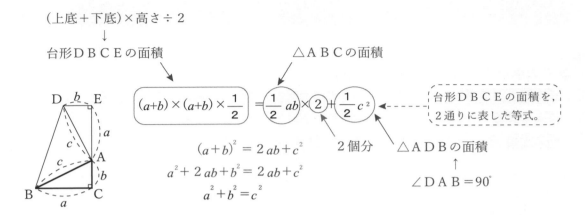

がら発表させるなどして全体で共有するのです。

　ここでは，図と式を相互に結びつけることで証明の意図を捉え，それがわかりやすくなるように改善させることで，子供の数学的な表現に対する読解力を高めることもできるのではないでしょうか。

3.（ 同じようにする → ） 逆をつくる 三平方の定理の逆を明らかにする

　三平方の定理の逆の指導は，前単元で指導した円周角の定理の逆と同様，逆をつくって考えさせること自体の指導です。円周角の定理の逆との違いは，基になる命題である三平方の定理との関係がわかりやすいところ。ですから，ここでは三平方の定理の逆を子供に見いださせたいですね。

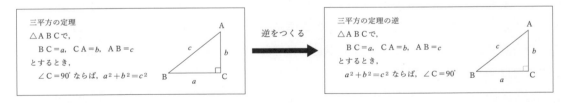

　教師として一番嬉しいのは，これまでの逆をつくることの学習を生かして，「三平方の定理の逆も成り立つのではないか」という疑問が子供から生まれることですね。仮にそれが出なくても，教師が一方的に三平方の定理の逆を提示してしまうのではもったいない。「円周角の定理のときと同じように考えると，三平方の定理について次にどんなことが考えられそうかな」と子供に問いかけて，三平方の定理の逆の存在に気付かせたい場面です。

🌱【この単元で生かしたい主な思考の種】

・ 条件をかえる 標本の大きさをかえて標本調査を実施し，母集団の傾向を推定する
・ 整理する 標本調査の結果を把握するためにデータを整理する
・ 比べる 標本の大きさが異なる標本調査の結果を比較する

　　この単元は総授業時間数自体が少ないため，「標本調査の活用」の小単元を除くとわずか3時間程度しか授業ができません。限られた授業時間の中でどのような思考の種を蒔く指導ができるか考えてみましょう。

小単元1　標本調査（3時間）

1. 条件をかえる 標本の大きさをかえて標本調査を実施し，母集団の傾向を推定する

　　この小単元では，標本調査の必要性と意味を指導します。標本調査の必要性については，様々な理由から全数調査が適切でない場合があることを具体例を挙げて指導しますね。では，標本調査の意味についてはどうですか。標本調査の手順や方法について指導するのはもちろんですが，それだけでしょうか。標本調査では，母集団についての確定的な判断が困難であることも，ここで指導したい内容です。実際に標本調査を実施するときは，この点を補完するために予測や判断に誤りが生じる可能性を定量的に評価するのが一般的です。でも標本調査の学習を始めたばかりの子供にはちょっと難しいですね。そこでここでは，標本の大きさをかえて標本調査を実施し，その結果から判断できることに違いが生じることを子供が経験的に理解できるようにしたいのです。例えば，ある中学校の3年生100人の握力のデータを母集団として，「標本調査で母集団の平均値を予測できるだろうか」と子供に問いかけ，次の(1)～(3)のような端緒の視点からの指導をしてみるのはどうでしょう。

　(1) 標本の大きさを10にして，標本調査を行わせる。

　　　　　　　　　…「標本調査をして，各自で母集団の平均値を予測してみよう」

　(2) 調査結果から課題を明らかにする。

　　　　　　…「もっと多くの人が母集団の平均値に近い値を予測できるようにできないかな」

(3) 標本の大きさの条件をかえて，再度標本調査を行わせる。

　　　　　　…「標本の大きさをもっと大きくして，標本調査をしてみよう」

　(1)では，標本調査の手順や方法が理解できているかどうかの確認も兼ねて，子供に各自で大きさ10の標本を抽出させ，標本の平均値を求めさせます。ペアで協力して作業させてもよいでしょう。これを受けて(2)では，教師があらかじめ求めておいた母集団の平均値を子供に伝え，子供の求めた標本の平均値がそれに近い値であるかどうか確認させるのです。「母集団の平均値がわかっているなら，わざわざ標本調査などする必要はないのではないか」と言われそうですが，これは標本調査についての理解を深めるための実験です。標本調査では何がわかるのかを明らかにし，次の「標本調査の活用」の小単元で生かすための準備をしているとも言えますね。

　子供の求めた標本の平均値を学級全体で比較してみると，母集団の平均値に近い値になった子供もいますが，そうではない子供も出てきます。全体のちらばりが大きいのです。そこで「これでは，必ずしも母集団の平均値を予測できるとは言えないね」，「みんながもっと母集団の平均値に近い値を予測できるようにできないかな」と子供に問いかけ，標本の大きさをかえることに目を向けさせます。そして「標本の大きさを大きくすれば，もっと母集団の平均値に近い値を予測できるだろうか」を問題として設定するのです。

　この問題について，(3)では解決の視点からの指導として，標本の大きさを10から20，30，50にかえて，各自で再度標本調査を行わせます。作業を効率よく進めさせるために，まず標本を無作為に50抽出させ，その中から20まで，30まで，50までの平均値をそれぞれ求めさせるのです。手間のかかる作業ですから，一人一台端末で表計算アプリを活用させるとよいでしょう。

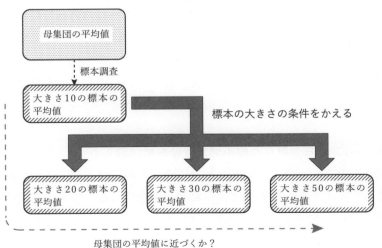

　これまで条件をかえて考えることは，新たな問題を発展的に見いだすために用いてきましたが，問題を解決するためにも役立てることができるのです。

2. 整理する 標本調査の結果を把握するためにデータを整理する

　1の続きを考えてみましょう。標本の大きさの条件をかえて各自で標本調査に取り組ませましたら、次はデータを整理します。ここでは、データを整理することが問題を解決するための1つのステップになります。各自で求めた標本の平均値を集約するには表計算アプリのシートを共有する機能を使って、すべての子供に調査結果を書き込ませるとよいでしょう。例えば下の図の表のようにまとめることが考えられますね。

　表が完成したら、子供に表を観察させます。残念ながらこの表から、標本の大きさを大きくすれば、母集団の平均値に近い値を予測できるかどうかわかりませんね。そこで教師としては、「4つのデータを箱ひ

	A	B	C	D	E	F
1						
2			標本の平均値			
3		出席番号	標本10	標本20	標本30	標本50
4		1	33.20	34.30	33.87	36.14
5		2	35.80	32.75	36.10	35.58
6		3	32.60	33.40	33.07	34.12
7		…	…	…	…	…

げ図を使って整理してみよう」と言いたくなるのですが、そこをぐっと我慢して整理する方法を子供に選ばせたいところです。ここでは、問題を解決するための見通しとして全体で次のことを確認して、データをどのように整理することが適切かを子供に考えさせるのです。

・標本の大きさを大きくすれば、母集団の平均値に近い値を予測できるか判断したい。
・そのために、標本の大きさが10、20、30、50のときの標本の平均値のちらばりの様子を比較したい。

　このように、整理することを問題の解決に生かすためには、目的に合った方法を選択して整理できることが大切です。つまり、整理するとは単に与えられた方法で整理することではなく、「〜を明らかにするには、…を使って整理するとよい」といった判断ができることを含んでいるのです。ですから、子供にそのための視点をもたせることが大切です。この問題については、複数のデータのちらばりの様子を比較できるようにしたいという目的を確認して箱ひげ図を使って整理することを決め、次のページの図のような箱ひげ図が作成できたとしましょう。

3. 比べる 標本の大きさが異なる標本調査の結果を比較する

　2の続きを考えてみましょう。データを箱ひげ図に整理できたら、4つの箱ひげ図を子供に比べさせて、標本の大きさが大きいほど、母集団の平均値に近い値を予測できるか判断させます。まず箱ひげ図から、次のことを読み取らせます。

・共通点として、どの標本の大きさのデータでも母集団の平均値は箱ひげ図の箱の中に入っていること。

・相違点として，標本の大きさが大きいデータほど箱ひげ図の箱とひげの長さが短くなっていること。

　次に，このことを数学的な表現を用いて次のようにまとめさせます。教師が子供とやりとりしながらしっかり指導する必要がありますね。

・標本の平均値のデータでは，標本の大きさが大きいほど四分位範囲と範囲は小さくなり，母集団の平均値の近くに分布する傾向がある。

　つまり，母集団の平均値を標本調査で予測する場合，標本の大きさを大きくして標本の平均値を求めた方がよいことがわかりました。最初に予想したことは正しかったわけです。
　第2学年の「データの活用」領域でも考えたように，箱ひげ図を用いて複数のデータを比べて共通点や相違点を見いだすためには，子供が明確な視点をもつことが大切でした。箱とひげの位置と長さがそれでしたね。ここでは，4つの箱ひげ図を比べることで，「箱の位置が母集団の平均値を含んでいる＝データのおよそ半数が，母集団の平均値周辺に分布している」ことや「箱とひげの長さが短くなる＝四分位範囲と範囲は小さくなりデータのちらばりが小さくなる」ことを読み取らせたいのです。

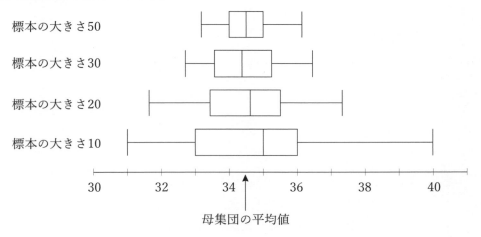

【著者紹介】
永田　潤一郎（ながた　じゅんいちろう）
1962年東京都出身。千葉大学大学院教育学研究科数学教育専攻修了。1988年から千葉県内の県立高校と千葉大学教育学部附属中学校に17年間勤務。2005年から文部科学省初等中等教育局教育課程課で教科調査官として平成20年に告示された学習指導要領の改訂や学習指導要領解説の作成等を担当すると共に，国立教育政策研究所で教育課程調査官・学力調査官として研究指定校の指導や評価規準の作成，全国学力・学習状況調査の問題作成及び分析等に取り組む。
千葉県教育庁指導課教育課程室に勤務した後，2012年から文教大学教育学部で教員養成に携わりながら，全国各地で行われる研究会や研修会に積極的に参加して，学校現場の先生方と学び合う機会を大切にしている。現職は文教大学教授。
主な著書に『数学的活動をつくる』（東洋館出版社），『観点別学習状況の評価規準と判定基準 中学校数学』（図書文化社），『平成29年版　中学校新学習指導要領の展開　数学編』，『中学校新学習指導要領　数学的活動の授業デザイン』，『板書＆展開例でよくわかる　数学的活動でつくる365日の全授業　中学校数学』１～３年上下巻，『数学的活動の授業デザイン　ステップアップ』，『令和版　数学科の授業づくり　はじめの一歩』中学１年編～中学３年編（以上，明治図書）他。

思考力，判断力，表現力等を育む
数学的活動の授業デザイン
思考の種を蒔く指導

2024年4月初版第1刷刊　Ⓒ著　者　永　田　潤　一　郎
　　　　　　　　　　　発行者　藤　原　光　政
　　　　　　　　　　　発行所　明治図書出版株式会社
　　　　　　　　　　　　　　　http://www.meijitosho.co.jp
　　　　　　　　　　　（企画）矢口郁雄（校正）高梨　修
　　　　　　　　　　　〒114-0023　東京都北区滝野川7-46-1
　　　　　　　　　　　振替00160-5-151318　電話03(5907)6701
　　　　　　　　　　　ご注文窓口　電話03(5907)6668
＊検印省略　　　　　　組版所　株式会社カシヨ
本書の無断コピーは，著作権・出版権にふれます。ご注意ください。
Printed in Japan　　　　　　　ISBN978-4-18-388929-4
もれなくクーポンがもらえる！読者アンケートはこちらから→